[제3판]

유아숲체험교육의 이론과 실제

서영민

창지사

머리말

몇 년 전부터 우리 사회는 숲을 휴식과 치유, 교육의 공간으로 인식하고, 등산, 숲에서의 힐링 체험, 산림치유, 숲에서 하는 태교, 숲교육 등 적극적으로 숲을 직접 경험해 오고 있다. 이는 숲이 우리의 삶에 가까이 다가왔음을 의미한다.

유아교육기관에서는 월 1회~주 3회 이상 숲을 방문하며 숲체험교육을 제공하고 있으며, 일부 학부모는 숲체험을 하고 있는 교육기관이나 숲유치원을 선택하는 경향이 높아지고 있다. 이러한 현상은 숲이라는 장소가 아이들의 창의성을 증진시키고, 자연스러운 인성교육이 가능하며, 건강한 신체발달을 꾀하는 데 도움이 된다고 믿기 때문이다.

사회적 변화에 따라 숲체험을 전달해 주는 책들이 출판되었지만, 영유아의 발달적 특징이 반영되지 않거나 숲의 생태적 지식을 전달하는 내용으로 구성되는 등 영유아에게 적용하기 어려운 내용이 더러 있다. 또한, 영유아의 오감각을 자극하고, 신체, 언어, 인지, 사회 · 정서, 탐구능력 발달에 도움이 되며, 발달적 특징을 고려한 숲체험 관련 정보를 전달해 주는 책들이 부족한 것도 현실이다.

필자는 유아교육 현장과 대학에서 강의하면서 '유아를 대상으로 숲에서의 교육활동이 가능할까, 어느 정도까지 적용할 수 있을까, 그 결과는 어떻게 측정이 가능할까' 등등에 대한 의구심이 많았다. 석사학위논문인 <숲체험을 통한 수학적 탐구활동이 유아의 수학적 문제해결력과 수학태도에 미치는 영향>이 계기가 되어 'SK 임업(주) 수페아이숲유치원' 개원에 참여하고, 약 4년간 운영하면서 누구나 쉽게 접할 수 있는 숲체험 교재가 필요함을 깨달았다.

이 책은 박사학위논문인 <자연물 주제중심 통합 유아숲체험교육 프로그램의 개발 및 적용효과>(2014)를 근간으로 하고, 유아의 발달에 적합한 유아숲체험교육 프로그램을 개발하여 적용한 내용으로 구성하였다. 대학이나 숲체험교육을 제공하는 유아교육기관에서 사용할 수 있도록 이론과 실제로 구성하였으며, 실제편은 숲체험교육을 제공하기 쉽게 다양한 사진과 함께 구체적인 자료들을 제시하였다. 유아숲체험교육을 실행하는 많은 사람들에게 도움이 되기를 바란다.

개정판 출간 이후 국내 유아숲체험교육 현장에는 여러 변화가 있었다. 2017년도 기준 144개소였던 유아숲체험원은 2022년 12월 기준으로 426개소로 증가하였고, 2021년 1월 8일에는 필자가 근무하는 백석예술대학교에 최초의 대학 부설 유아숲체험원인 백석유아숲체험원이 조성되었다. 이에 이 부분을 추가적으로 보완하여 제3판을 계획하였다. 또한, 숲체험활동이 증가함에 따라 숲의 위험요소별 안전지도 내용을 추가하였고, 기후 위기와 생태교육의 내용을 포함하여 지속가능발전교육의 방법으로써 숲체험교육을 제시하였다.

이 책은 유아숲체험교육의 이론 파트인 1부와 유아숲체험교육의 실제 파트인 2부로 구성되어 있다.

1부는 '자연과 자연주의', '유아를 위한 자연주의 교육', '유아를 위한 숲유치원 교육'으로 구성하여 기후 위기에 따른 생태계의 붕괴를 통해 자연과 인간의 관계를 고찰하고 생태적 소양과 지속가능발전교육을 다루어 자연친화교육이 나아가야 할 방향을 제시하였다. 또한, 유아를 위한 다양한 자연주의 교육을 살펴보며 숲유치원의 역사, 교육목적, 교육내용, 국내외 숲유치원 동향 등에 살펴보고, 이를 위한 교사의 역할과 숲의 위험요소별 안전지도 내용을 다루었다.

2부는 유아숲체험교육의 실제로 박사논문에서 개발한 유아숲체험교육 프로그램의 구성요소를 소개하고, 숲에서 자주 접할 수 있는 '애벌레, 곤충, 거미, 올챙이와 개구리, 지렁이, 새, 나무, 나뭇잎, 꽃, 열매와 씨앗, 겨울눈과 로제트'를 주제로 한 활동의 실제를 사진 자료와 함께 설명하였다.

이 책이 세상에 첫선을 보이는 데 풍부한 자양분을 제공해 준 많은 분들이 있다. 유아교육의 근간을 만들어 주신 유흥옥 교수님, 김은정 교수님, 이원영 교수님, 박찬옥 교수님, 곽노의 교수님과 깊이 있는 학문적 지도를 해 주신 조형숙 교수님, 김낙흥교수님, 그리고 대학에서 유아교육 관련 강의를 할 수 있도록 배려해 주신 여러 교수님들께 감사 드린다.

항상 든든한 버팀목인 사랑하는 부모님과 가족들, 그리고 내 짝꿍이자 내 편인 박영은, 항상 따뜻하게 격려해 주시는 지인들, 일일이 이름을 다 기록할 수는 없으나 언제나 묵묵히 필자에게 삶의 지혜를 주시는 모든 분들의 고마움을 잊지 않겠다. 강원도 횡성 수페아이숲학교에서 동고동락한 교사들, 운영을 위해 많은 지원을 아끼지 않았던 SK임업(주)의 많은 관계자분들, 그리고 숲체험교육 프로그램 개발에 많은 아이디어와 도움을 주었던 사랑하는 유아들에게도 고마움을 전하고 싶다. 마지막으로 제3판이 나올 수 있도록 도움을 주신 창지사 대표님과 편집진의 노고에 깊은 감사를 드린다.

2024년 1월

서영민(꽃향유)

차 례

I. 유아숲체험교육의 이론

II. 유아숲체험교육의 실제

PART I

유아숲체험교육의 이론

1 자연과 자연주의

1. 자연의 의미

1) 자연의 의미

우리 사회는 자연, 환경, 생태 등이 인간의 삶과 긴밀한 관계임을 강조하고, 이런 분위기에 편승하여 자연이야말로 인간이 행복하게 살아가는 데 필수요소라는 인식이 퍼져 있다. 그렇다면 우리가 예찬하는 '자연'이란 무엇인가? '자연스럽게, 자연친화적인, 자연에 순응하는, 자연에 의존하는' 등에 쓰인 '자연'(自然)에 대한 개념이 무엇인지 살펴보자.

자연의 사전적 의미는 "사람의 힘을 더하지 않은 저절로 생성되는 모든 존재, 사물 혹은 산, 바다, 강, 식물, 동물, 지질환경, 지리 등을 가리킨다. 또한, 억지로 꾸미지 않아 어색한 데가 없으며, 무리가 없고 당연한 것, 힘들이거나 애쓰지 않고 저절로 그렇게 되게 하는 상태"(표준국어대사전)이다. 다시 말하면 자연이란, 스스로 생성하는 자연환경과 그곳에서 살아가는 수많은 생명체를 모두 일컫는 말이며, 꾸미거나 애쓰지 않는 자연스러운 상태를 의미한다.

또한, 자연은 생태적 질서이고, 인간의 본성이며 원래의 모습(민성길, 2001)이다. 자연의 모든 것은 조화로운 테두리 속에서 나름대로 자리를 잡고 존재하며, 자연의 생명체들은 그 가치가 인정되며 서로 존중하고 더불어 살아갈 때 어울려 살아갈 수 있다(홍은주, 2006).

자연의 어원을 통해 의미를 들여다보면 동양과 서양의 개념이 유사함을 알 수 있다. 먼저, 서양의 어원을 보면 자연(Natura)이라는 말은 라틴어 natura에서 왔으며 natura는 그리스어 physis와 같은 의미이고, 이 두 단어는 모두 탄생과 관련되어 있다. 즉, 자연은 한 생명이 태어날 때부터 갖게 되는 '고유성'이고, 원래부터 주어진 '본질성-본성'이며, 생명체 간의 규칙이며 법칙(주영흠, 2003)을 의미한다.

동양에서 말하는 의미는 중국의 철학자 노자의 주장을 통해 알 수 있는데, 그는 자연의 의미를 '연(然)'자의 의미를 강조하며 '스스로 그러함'이라 정의하였다. 그 제자인 장자는 자연의 특성을 '스스로 생성함-자생(自生)', '스스로 변화함-자화(自化)', '스스로 정치가 바로잡힘-자정(自正)', '스스로 행함-자행(自行)', '스스로 높고, 스스로 두텁고, 스스로 밝은 것-자명(自明), 자후(自厚), 자고(自高)'(심재권, 2000)라고 설명하였다.

따라서 동 · 서양 모두 자연의 의미를 고유한 본성이며, 스스로 태어나고, 변화하며 성장하는 존재, 그러한 생명체라고 정의하였다.

자연의 의미와 특성을 밝히려는 노력은 자연과 인간의 관계에 대한 관점에 따라 크게 두 가지로 접근할 수 있다(박이문, 1997).

첫째, 자연과 인간은 존재론적인 측면과 실천적인 측면에서 서로 대립한다는 이원론적인 관점이다. 이 관점에서는 자연과 인간은 본질적으로 그 성격이 전혀 다르고 이해관계도 대립적인 관계로 본다. 자연은 인간에게 매우 위협적이며 불안한 요소이므로 인간이 정복하고 지배하며 약탈하는 대상이다. 그러므로 자연과 인간을 각각의 독립된 개체로 바라보는 것은 이원론적이며 인간중심인 세계관을 함축하고 있다. 이원론적 관점에서 인간은 자연을 정복하고, 자원으로 소유하며 무분별하게 채취하여 오염시켜 왔다. 박이문(1997)에 따르면 이원론적 관점은 서양의 플라톤과 데카르트의 철학적 이원론과 기독교의 인간 중심주의 속에 내재되어 있다가 자연을 정복의 대상으로 본 베이컨, 로크 등의 근대 계몽주의의 진보사상과 자연 개발의 역사로 나타났다고 하였다.

둘째, 인간과 자연의 공존적인 관점이다. 이 관점은 자연과 인간은 마치 다양한 생명체가 각자의 방식으로 서로 연결되고 함께 어우러져 살아가듯이 공존적 관계를 맺고 있다는 것이다. 이는 사계절의 날씨에 농작물을 달리 심어 수확하고, 다른 생명체들도 살아갈 수 있도록 열매를 나누어 주는 등 거대한 자연에 순응하며 살아가는 것을 의미한다. 박이문(1997)에서는 공존적 관점이 고대국가나 농경사회에 뿌리를 두고 성장해 왔을 것이라고 말한다.

반면 박이문은 환경오염과 생태계의 위기를 맞는 현대에서 과연 자연과 인간이 따로 분리되었는가를 의문하며 자연과 인간의 관계를 새롭게 재조명해야 한다고 주장하였다. 다시 말하면, 자연을 자원화하며 환경오염을 야기시킨 인간의 삶이 과연 행복하기만 한지, 미래세대를 위해 영원한 지구가 허락되었는지를 생각해 보자는 의미이다. 자연은 인간을 포함한 모든 존재를 의미하며, 문명의 발달과 과학기술의 발달로 이룩한 인간의 문화와 역사는 모두 자연 질서의 한 부분이다. 이는 자연과 인간을 따로 분리해서 생각할 수는 없다는 뜻이다. 자연과 인간은 서로 대립적인 관계라기보다는 원래부터 하나이며 인간을 포함한 모든 것이 자연이라고 하였다. 그러므로 자연과 인간은 하나이며 함께 서로에게 밀접한 영향을 주고받으며 살아가게 되는 것이다.

2) 기후 위기와 생태적 소양

(1) 기후 위기

현대사회는 다량의 탄소 배출, 무분별한 벌목, 자원 고갈 등에 밀접한 영향을 미친 고속 성장에 따라 생태계의 파괴와 기후 위기에 직면해 있다.『최종경고: 6도의 멸종』의 저자 마크 라이너스(Mark Lynas)는 2015년을 기준으로 산업혁명 이전보다 지구의 지표면 평균온도가 1도 상승하였고, 그 결과 북극 그린란드의 빙하는 계속 녹고 있다고 하였다. 겨울에도 얇은 얼음만 생길 정도로 포근하고 2019년 여름에는 그린란드에서 더위로 산불이 일어났다고 하였다. 빙하가 녹고 있는 것은 남극도 마찬가지다. 2019년 미국국립과학원회보의 보고에 따르면 빙하의 손실률은 지난 40년 동안 연간 400억 톤에서 2,520억 톤으로 무려 6배나 증가했다. 빙하의 손실은 전 세계의 해수면 상승과 바다에 잠기는 땅의 증가를 초래하여 인간의 삶에 매우 큰 위협이 됨을 경고하였다. 심각한 기후 위기는 폭염, 폭우, 태풍 등 다양한 자연재해를 일으키고, 동식물 멸종의 가속화, 물 부족, 사막화 등 재앙이 동반된다.

2019년 9월 2일에 호주 남동부 골드 코스트 인근 사라바에서 시작된 산불은 2020년 2월 13일까지 약 6개월간 지속되었고, 결국 1,860만 헥타르(약 18만 6천 킬로미터)가 불에 타고 5억 마리 이상의 동물이 희생되었다. 특히, 호주의 대표 동물인 코알라는 약 1만 마리가 사망한 것으로 추정하였다(나무위키, 2022. 12. 13.).

한국과 독일 연구자로 구성된 국제환경 연구팀의 기상학자들은 호주 산불의 주된 원인을 지구 온난화에 따른 인도양 쌍극화 현상 때문이라고 보았다. 인도양 쌍극화 현상이란, 인도양의 동쪽과 서쪽 해수면의 극심한 온도 차를 의미하며, 그 때문에 동쪽은 가뭄이, 서쪽은 많은 비가 내렸고 인도의 동쪽에 있는 호주는 산불 발생 당시 비가 거의 내리지 않아 더욱 확산되었다는 주장이다(동아사이언스, 2021. 4. 5.).

그림 1 호주 산불

출처: KBS뉴스. 전문가기고. 2022. 10. 25.

우리나라도 몇 년 전부터 대형 산불사고가 끊이지 않고 있다. 산림청 자료[1)]에 따르면 지난 2017년 이후 매년 대형 산불이 지속적으로 발생하여 대규모 산림 소실이 진행되었다고 밝혔다. 국내 대형 산불 중 2020년 4월 24일 경북 안동시 풍천면 인금리 인근 야산에서 발생한 산불은 1,944헥타르를 불태웠는데, 매우 건조한 날씨에 강풍까지 불어 산불이 삽시간에 옮겨붙어 피해가 컸다. 이 산불은 국내에서 발생한 산불 중 네 번째 규모이다.

2022년 3월 4일부터 13일까지 9일간 경상북도 울진과 강원특별자치도 삼척 지역에서 발생한 대형 산불인 울진 · 삼척 산불로 산림 약 2만 헥타르가 탔고, 주택 310채, 농축산 시설 139개소, 공장과 창고 154개소, 종교시설 31개소 등 총 643개소가 소실되었으며, 337명의 이재민이 발생하였다. 산림청은 이 산불이 '1986년 이후 가장 오래 지속된 산불'이라는 기록을 남겼다고 밝혔다.

이와 같이 대형 산불이 발생하는 이유는 지구 온난화로 겨울 가뭄이 봄까지 지속되기 때문이다. 건조한 날씨에 작은 불씨는 금방 크게 타오르고 바람은 불씨를 급속도로 확산시킨다. <그림 2>는 산림청에서 월별 산불 발생 현황을 분석한 것

1) 여기에서는 산림청의 2021년 「산불통계 연보」를 참고하여 작성하였다. 이 자료는 산림청 홈페이지 내 통합자료실의 전자책에서 확인할 수 있다.

으로, 3~4월까지 산불 발생이 잦음을 볼 수 있다. 산불 발생 원인은 입산자가 불씨를 만들거나, 야산 근처에서 쓰레기를 소각하는 등의 이유가 있겠지만 건조한 날씨로 산불 진화가 어렵고, 대형 산불로 확대될 수 있으니 이 시기에 산불이 발생하지 않도록 주의해야 한다.

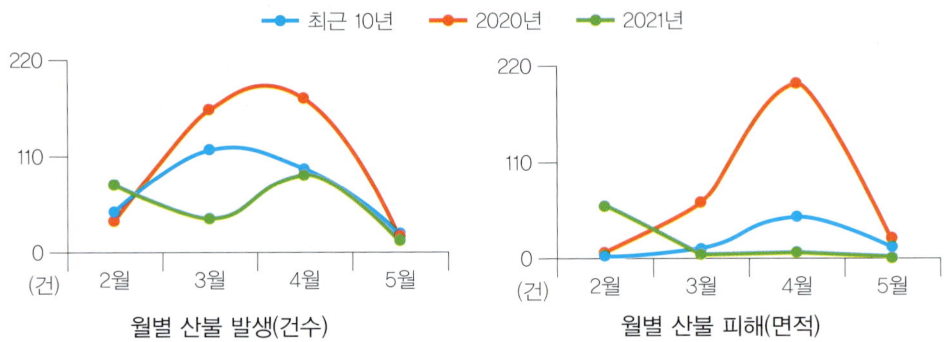

그림 2 월별 산불 발생 현황

출처: 산림청(2022). 2021년 산불통계 연보. p.57.

산림청은 「2022년도 K-산불 방지 종합대책」을 통해 체계적이고 과학적인 산불 방지 통합시스템을 구축하고, 산불 방지를 위한 홍보 활동, 산불 조기 발견, 헬기 및 정예 진화요원에 의한 초동진화체계 강화, 대형 산불 방지를 위한 산불통합지휘체계를 구축하였다고 밝혔다(산림청, 2022).

(2) 파리기후협정과 우리나라의 기후변화 대응

지구 온난화를 줄이기 위해서는 탄소 배출을 줄여야 한다. 탄소 배출을 줄이기 위해서는 전 세계의 노력이 매우 중요하다. 세계인들은 기후변화에 위기의식을 가져야 하며, 다양한 방법으로 기후변화에 대응해야 한다.

2015년 12월 12일 파리에서 열린 21차 유엔기후변화협약 당사국총회 본회의에서는 산업화 이전 수준 대비 지구 평균온도가 2도 이상 상승하지 않도록 온실가스 배출량을 단계적으로 감축하는 내용을 담은 '파리기후협정'을 책정하였다. 이를 통해 모든 국가가 스스로 결정한 온실가스 감축목표를 5년 단위로 제출하고 이행하도록 하고 있으며, 재원 조성 방법으로는 선진국이 선도적 역할을 수행하도록 촉구하였다. 파리기후협정을 통해 195개의 유엔 가입국이 기후협약을 책정하였다.[2] 미국은 2030년까지 26~28% 절대량 감축을 약속하였고, 유럽연합은 2030년까지 절대량 40% 감축을 목표로 하였으며, 중국은 2030년까지 국내총생산(GDP) 대비 배출량 60~65% 감축을 목표로 삼았다.

우리나라는 그동안 기후변화 문제에 대응하기 위해 다양한 방안을 계획하였다. 2009년에는 '2020년 온실가스 배출전망(BAU, Business As Usual) 대비 30%'라는 자발적 목표를 설정하였고, 2011년에는 「저탄소 녹색성장 기본법」을 제정하여 법적 근거를 마련하였다. 2012년에는 온실가스 · 에너지 목표관리제가 실시되었고, 2014년에는 온실가스 감축 로드맵을 수립하였고, 2015년에는 배출권거래제가 실시되었다. 2018년에는 '2030 국가 온실가스 감축 기본 로드맵 수정안'을 마련하였으며, 2019년에는 「제2차 기후변화 대응 기본계획」을 수립하였다. 아울러 강력한 기후변화 대응 의지를 표현하며 2021년 10월에는 2030년까지 2018년 대비 40% 탄소배출 감축 목표를 제출했다. 기후변화 대응을 위해서는 선진국과 개도국 간 신뢰구축이 필요함을 인식하고 2014년에 멕시코와 함께 '기후재원' 세션의 공동의장 역할을 수행하고, 초기 재원 대비 2배인 2억 불의 기후 재원 기여를 공약하였다.

(3) 생태적 소양과 지속가능발전교육

자연의 생명체들은 생태계라는 조직망으로 연결되어 있어서 서로 밀접한 관계를 형성한다. 즉, 생태계에 속한 모든 생명체의 행동은 수많은 다른 구성원들의 행동에 의존하는 상호의존성을 지니며, 이러한 상호의존성은 지배와 피지배가 아닌 순환적 상태로 유지된다(Capra, 1998). 인간 또한 생태계를 구성하는 하나의 생명

2) 여기서는 외교부 사이트(www.mofa.go.kr)에서 외교정책 중 기후변화협상의 내용을 참고하여 작성하였다. 우리나라는 '저탄소 녹색성장' 패러다임의 전환을 목표로, 기후변화협상에서 환경위기에 관한 세계적인 대응에 함께하기 위해 다양한 정책을 추진하고 있다.

체로서, 상호의존성을 배우고 삶 속에 투영시켜야 하는 존재이기에 자연 안에서 다양한 생명체와 함께 순환적으로 상호의존하며 자연과 공존적 관계 안에서 더불어 살아야 한다.

이러한 생태계의 이해와 공존적 가치는 하루아침에 얻어지는 것이 아니므로 반드시 교육을 통해 이루어져야 한다. 기후 위기의 위험성을 인식하고 해결책을 모색하기 위해서는 자연친화교육을 통해 생태적 소양을 함양해야 한다.

생태적 소양(Ecolgcal literacy)이란, 지구에 살고 있는 생물이 생존할 수 있도록 만드는 자연시스템을 이해하는 능력을 말한다. 이는 생태적 커뮤니티(생태계)의 조직 원리를 이해하며, 지속가능한 인간 사회를 창조하기 위해서 이런 원리를 이용하는 것을 의미한다(Orr, 1992; Capra, 1995). 또한, 자연환경과 그 생태를 이해할 수 있는 기본소양으로는 인공적이고 파괴된 환경에 대한 거부, 자연에 대한 관심과 보존 욕구 등의 자연주의적 사고를 가능하게 해 주는 능력 및 소양을 뜻한다(산림임업용어사전, 2022).

생태적 소양이라는 용어는 1986년 미국 생태학회에서 폴 라이저(Paul Risser)가 처음 사용하였다. 그는 생태소양의 주요요소로 ① 물질의 다양한 이동 측면, ② 모든 것이 연결되어 있다는 개념, ③ 생태-문화 상호작용, ④ 특정한 지역 장소에 기반한 생태 현장 관찰 및 조사를 설명하였다(김기대 외, 2021: 19). 이후 1990년대 미국의 교육자 데이비드 W. 오어(David W. Orr)와 물리학자 프로조프 카프라(Fritjof Capre)에 의해 개념화되었다.

오어(Orr, 1989)에서는 생태소양은 지식, 태도, 감수성으로 구성되어 있다고 보고, 생태소양을 함양하기 위해 선행되어야 하는 것은 '자연에 대한 경이로움(The Wonder of Nature)'을 느끼는 것이라고 했다(김기대 외, 2021). 그러므로 자연에서 직접 자연을 깊이 있게 만나고 체험하며 자연의 아름다움과 소중함을 느끼며 자연에 대해 알고(지식을 습득하고), 자연과 더불어 살아갈 기술을 익히며(기술을 습득하고), 공존적 삶의 가치를 배우고 실천하는(태도를 배우는) 생태적 소양을 증진하는 것은 무엇보다 중요하다.

골먼(Goleman, 2009)에서는 '에코지능(Ecological Intelligence)'이라는 개념을 소

개하면서 생태적 위기를 극복하기 위해 갖춰야 하는 재능과 능력을 의미한다고 말하였다. 다시 말하면, 에코지능은 인간과 자연의 상호영향을 이해하는 인식 능력, 즉 자신의 소비와 생산 활동이 지구 환경에 미칠 영향 전반을 파악할 줄 아는 예민하고 현명한 통찰력을 가리킨다. 아울러 타인의 관점을 이해하고 공감하며 사회지능이나 감성지능의 형성을 토대로 모든 생명체에 대한 공감능력을 결합시켜 그러한 능력을 모든 자연시스템으로 확장시키는 것이다(Goleman, 2009). 예를 들어 지구의 고통(기후변화, 오존층 파괴, 생명체의 멸종)을 접할 때 우리 스스로 고통을 느끼며 이런 문제를 해결하기 위한 방법을 모색하는 것이 공감이라면, 이러한 공감을 바탕으로 문제의 원인과 결과를 분석하고 그 상황을 변화시키려는 동기까지 파악하는 것이 에코지능인 것이다. 골먼(Goleman)은 미래 시대를 짊어질 우리 아이들에게 에코지능을 가르쳐야 한다고 강조하였다.

오어(Orr, 1994)는『작은 지구를 위한 마음』에서 생태적 문맹을 벗어나기 위해 생태설계능력 함양을 위한 교육을 제공해야 한다고 주장했다. 생태설계능력은 '대상을 생태적 맥락에서 보는 능력'을 의미하며, 직접 경험과 실천력을 이론 지식과 통합한 것이라고 설명하였다. 그는 그동안의 교육이 상대적 가치에 의해 발전해 왔고 지구를 산업화하기 위한 지식, 기술, 태도의 교육과정이 제공되었다고 하였다. 그러므로 앞으로의 교육은 "1) 이산화탄소를 비롯한 온실기체를 배출하지 않고, 2) 생명다양성을 줄이지 않으며, 3) 에너지, 물질, 물을 아주 효율적으로 쓰고, 4) 폐기물을 재활용하는 쪽으로 주택, 농장, 기관, 제도, 공동체, 기업, 경제를 개축하는 지역사업을 할 능력을 갖춘 자"(Orr, 1994: 166-167)를 배출하는 것으로 바꿔야 한다고 주장하였다. 이러한 생태설계교육은 지속가능발전교육과 의미가 유사하다.

지속가능발전교육(Education for Sustainable Development, 이하 'ESD')[3]이란, '모든 연령대의 학습자들이 기후변화와 환경문제, 생태다양성의 손실, 빈곤, 불평

3) 한국 유네스코 지속가능발전교육 사이트(https://esd.unesco.or.kr/)를 참고하여 작성하였다.

등과 같이 상호 연결되어 있는 글로벌한 과제를 풀어나가는 지식과 기술, 가치, 태도를 갖추도록 돕는 교육'을 의미한다.

유네스코에서는 1987년 브룬트란트보고서를 통해 지속가능발전이라는 개념을 제시하였다. 이후 유엔 70차 총회(2015년)에서는 2030년까지 달성할 지속가능발전 목표 17개와 세부목표 169개를 발표하였다. 이러한 목표들은 경제발전, 사회정의, 환경보전이 조화롭게 균형을 이루는 발전이며, 이를 달성하기 위해서는 지속가능발전교육이 필요하다고 밝혔다.

이후 유엔은 2005년부터 지속가능발전교육의 방향성을 제시하였고, 2019년에는 ESD2030을 통해 정책 개선, 학습환경 변혁, 교육자 역량 개발, 청년의 권한 부여와 참여, 지역 차원의 실천 가속화라는 5개의 우선실천영역을 제시하고 있다.

이를 기반으로 한국유네스코는 2011년부터 ESD인증제도를 도입하여 전국 교육현장에서 지속가능발전교육을 실천한 교육프로그램이나 교육 사례를 인증해 주고 있다. 이와 같은 내용은 유네스코 한국위원회 사이트(www.unesco.or.kr)에서 확인할 수 있으므로 다양한 지속가능발전 교육 사례를 참조할 수 있다.

기후 위기의 시대를 살아가는 사회구성원들은 환경과 생태계의 위기를 매우 민감하게 생각한다. 이들을 위한 미래교육은 지속가능발전을 실천할 수 있는 생태적 소양 증진을 포함해야 할 것이다.

2. 자연의 가치

1) 치유와 휴식의 가치

최근 들어 대다수의 사람들은 자연이란, 현대인들의 심신에 활력을 불어넣어 줄 수 있는 의미 있는 대상, 치유와 휴식의 대상으로 받아들이고 있다. 그런 점에서 여기서는 치유와 휴식에 필요불가결한 요소로 부각되고 있는 자연의 가치를 살펴보고자 한다.

인류학자와 고생물학자들은 인간이 약 200만 년 전 동아프리카 사바나 숲에서 출현했다(신원섭, 2005)고 보기도 한다. 그 당시 숲은 인간이 살아가는 데 필요한 물을 제공해 주었고, 사나운 짐승을 피할 수 있는 안식처가 되었다. 인류가 출현한 지 200만 년이 되었는데, 그 시기를 구분해 보면 농경생활을 한 기간은 대략 1만 년~1만 5천 년 정도이다. 숲이 아닌 평지에서 공동체를 조직하고 생활한 것은 약 5천 년~9천 년 전 정도라고 보면 급격한 도시화가 이뤄진 시기는 불과 30~40년밖에 되지 않는다(<그림 3> 참조). 짧은 시기에 전 세계적으로 확장된 도시화는 자연과 인간의 관계를 단절시켰고, 인간을 자연에서 점점 멀어지게 만들었다. 그 결과 인간은 각종 질병에 노출되고, 면역력도 감소하게 되었다.

그림 3 인간의 거주지의 변화

더욱이 가속화된 도시화와 편리한 생활환경의 변화에 따라 아이들은 점점 더 자연을 멀리하게 되고 그 결과 '자연결핍장애'(Louv, 2006)라는 현대적 질병이 등장하였다.

우리에게 낯선 이름인 '자연결핍장애'란, 자연을 무가치하게 생각하고 자연을 멀리하게 된 결과 인간의 감각이 퇴화된다는 뜻이다. 또한, 자연에 대한 막연한 두려움 때문에 자연과 관계 맺기를 거부함으로써 자연에 대한 감각과 집중력이 결핍되고, 정신적 · 육체적 질병이 증가하는 것을 가리킨다. 이는 인간이면 누구나 언제든지 걸릴 수 있는 질병인 반면, 마음만 먹으면 회복될 수 있는 질병이기도 하다. 물론 이를 질병에 포함하는 것이 합당한지는 좀 더 고민이 필요하지만, 인간은 가능하면 자연친화적인 생활을 해야 함을 강조하는 말이다. 그런 점에서 유아기 때부터 자연친화적인 생활을 체득할 수 있는 기회를 제공하는 것이 중요하므로 이를 교육에 접목하여 보급하는 것이 강조되고 있다.

따라서 자연에서 멀어진 자연결핍장애를 가진 아이들은 비만, 인터넷 중독, 정서 불안, 우울증 등에 쉽게 노출될 확률이 높다. 이에 아이들에게 자연친화적인 환경 제공이 중요한 이유를 좀 더 알아보겠다.

루브(Louv, 2006)에서는 자연에서의 활동을 통해 아이들이 잃어버린 감각을 되찾고, 놀 권리를 찾아 주며 주의력을 회복시킴으로써 우리 아이들의 자연결핍장애를 치료해야 한다고 주장하며 숲에서의 활동을 강조했다. 그가 말한 숲(자연)에서의 활동이란, 아이들이 나무에 오르내리기, 자연물을 가지고 놀기, 숲에 있는 동식물을 보고, 만지기 등 자연과 교감하는 것을 말한다. 그는 이러한 활동들이 자연결핍장애를 줄이고, 오감각을 발달시켜 주의력을 회복시킨다고 보았다. 그가 인터뷰한 한 어머니의 이야기를 보면 자연에서 머무는 것만으로도 과잉행동 증상이 줄어듦을 알 수 있다.

> "우리 아들은 집중력이 약하고 과잉행동 증상이 심해서 지금도 리탈린을 복용하는데, 산이나 숲으로 나가면 아이가 훨씬 안정이 돼요. 그래서 시골로 이사를 갈까 진지하게 생각 중이에요."
> "신체운동을 할 기회가 많아졌을 때 완화되나요?"
> "그러면 운동으로 해결되겠지요. 그게 아니라 자연에 있으면 아이가 왠지 안정을 찾더라고요."
>
> – 자연에서 멀어진 아이들(2007), p.117 –

미야자키 요시후미(宮崎良文, 1990)[4]에서는 남자 대학생 5명을 대상으로 삼림욕 실험을 시행한 결과, 실험자들이 삼림욕 후 쾌적하고, 안정감을 느꼈으며 스트레스 물질인 코르티솔 분비도 낮아졌다고 밝혔다. 이 실험 결과 나무와 식물이 내뿜는 피톤치드[5]가 사람들의 심리적 · 정서적 안정에 중요한 영향을 미친다고 보

4) 여기서는 박범진 역(2007)을 참고하여 소개하였다. 우리나라에서도 삼림욕의 대명사로 '피톤치드'가 활발하게 사용되고 있고, 이 성분이 들어간 제품들이 판매되고 있다.

았다.

신원섭(2005)에서도 숲 가까이 근무하는 직장인이 그렇지 않은 직장인보다 직무만족도가 높고 스트레스를 덜 받으며, 이직 의사가 낮은 것으로 나타났다. 이 연구는 서울 지역 직장인 931명을 대상으로 조사했는데, 숲이 가까운 사무실에서 일하는 직장인 481명의 직무만족도는 62.6점(100점 만점)인 반면, 숲이 없는 곳의 직장인 450명의 직무만족도는 59.3점으로 나타났다. 또한, 이 직장인들이 받는 스트레스는 숲이 있는 경우가 53.1점이고 숲이 없는 경우가 57.5점이었다. 숲이 있는 곳의 직장인들의 이직 의사는 54.8점이고 숲이 없는 경우는 59.0점이었다. 따라서 사무실이 숲과 가까운 곳에 위치할수록 직무만족도가 높고 스트레스가 줄어들며 그에 따른 이직 의사가 낮게 조사된 결과를 보면 바쁜 직장생활에서도 가끔 숲을 바라보고 산책하는 것만으로도 휴식을 취하고 치유가 될 수 있음을 알 수 있다.

자연이 갖고 있는 치유와 휴식의 기능에 대해 윌슨(Wilson, 1984)에서는 바이오필리아(Biophilia)를 주요소로 보았다. 여기서 바이오필리아(Biophilia)란, "생명을 뜻하는 'bio'와 사랑을 뜻하는 'philia'의 합성어로, 인간의 마음과 유전자 속에 자연에 대한 애착과 회귀 본능이 내재되어 있다는 학설이다. 이 학설에 따르면 자연은 인간이 생활하는 데 필요한 여러 가지 물질을 공급하므로 인간은 쾌적하고 만족스럽게 살기 위해서 필연적으로 자연에 의존한다는 것이다"(미야자키 요시우미, 2007:23). 이러한 바이오필리아는 만들어지는 것이 아니라 우리의 마음과 유전자 속에 내재되어 있으므로 우리가 숲에만 가도 편안함을 느끼고, 정서적으로 안정되며, 스트레스를 줄여 스스로를 치유할 수 있게 되는 것이다.

산림치유 분야의 전문가(전 산림청장)인 신원섭(2007)에서는 '숲의 가치'를 다음과 같이 평가하였다.

---

5) 피톤치드는 식물을 의미하는 피톤(phyton)과 다른 생물을 죽인다는 치드(cide)의 합성어에서 유래하였다. 피톤치드는 어떤 특정한 화학 성분을 지칭하는 것이 아니라 수목이 만들어내는 살균 작용을 가진 모든 화합물을 총칭한다. 피톤치드는 식물이 자신을 방어하는 자연적인 면역기능을 부여하는데, 삼림욕으로 인체의 NK(자연살해)세포가 활성화되어 면역기능을 개선해 주는 역할을 한다(산림청 사이트-산림지식).

첫째, 숲은 누구나 쉽게 이용할 수 있다. 숲을 이용할 때는 아무런 제약도 없으며, 입장료를 지불하지 않아도 마음대로 갈 수 있다.

둘째, 숲은 건강을 유지 · 증진시키는 데 아주 효과적이다. 숲에서 규칙적으로 산책만 하더라도 운동의 효과가 있다. 특히, 산책은 하기 쉽고, 단순하다는 특징을 지닌 좋은 운동이다.

셋째, 숲은 노화방지에도 유익하다. 숲을 산책하는 것과 같은 가벼운 운동은 쇠퇴하는 육체의 기능을 50%까지 낮춰 준다. 아울러 심리적 행복감도 제공해 준다.

넷째, 자연의 아름다움과 중요성을 배운다. 숲에는 자연을 구성하는 다양한 요소들이 있는데, 이러한 자연과 만나게 되면 자연의 아름다움과 중요성을 깨닫게 되고 진정한 가치를 다시 인식하게 된다. 또한, 그 자연적인 요소들을 자주 만나면서 지식을 얻게 되고, 아는 만큼 사랑하게 된다.

다섯째, 재미있고, 흥미롭다. 숲은 다양한 동식물이 살고 있는 곳이므로 발견의 기쁨을 준다. 이곳에서 만나는 다양한 동식물은 우리에게 즐거움과 흥미를 주고, 자연에 더욱 몰입하게 한다.

종합해 보면 숲은 우리의 생활공간이고, 사랑의 대상(바이오필리아)이며 삶에 지친 우리를 위로해 주는 곳이라고 할 수 있다.

2) 교육적 가치

앞에서는 자연의 가치를 치유와 휴식의 관점에서 살펴보았으며, 여기서는 자연의 교육적 가치는 무엇이고, 이를 어떻게 교육에 접목할 수 있는지 다루고자 한다.

교육이란, "사회생활에 필요한 지식이나 기술 및 바람직한 인성과 체력을 갖추도록 가르치는 조직적이고 체계적인 활동이다."(표준국어대사전). 그렇다면 교육제도도 없고, 전문적인 교육기관도 없었던 시대에 인간은 사회생활에 필요한 지식이나 기술을 어떻게 배우고 후대에 가르쳤을까, 그리고 그들이 전수했던 지식과 기술은 무엇이었을까 등에 대한 해답은 자연으로 귀결된다.

즉, 치유와 휴식의 막중한 가치를 지니고 있는 숲(자연)은 인간의 생존 터전이기도 하다. 인간은 생존을 위해 필요한 지식과 기술을 후손들에게 전승해 주면서 집단사회를 이끌어 갔다. 그렇다면 인간이 생존을 위해 필요한 지식과 기술은 어떻게 형성되었는가? 바로 자연에서 부딪히고 경험하고 깨닫게 되고, 필요한 것과 그렇지 않은 것을 구별하게 되면서 형성된다. 즉, 인간에게 숲은 삶의 터전인 동시에 배움의 장소이다.

숲(자연)이 교육장소로 활용된 사례는 유아교육에서 찾아볼 수 있다. 유아교육에서는 숲(자연)을 교육의 장으로 여겼으며, 물리적 공간인 자연뿐만 아니라 교수매체로서 자연물도 아주 중요하게 다루었다(홍은주, 2006).

곽노의(2010)에서는 구조화된 놀잇감이 증가하면서 유아가 자연에서 놀 수 있는 기회와 상상력을 발휘한 창의적인 놀이가 감소하는 '양극화 현상'을 초래했다고 보았다. 그리고 유아의 본성과 발달, 흥미, 자발성에 기초한 교육보다는 인지발달에 의한 조기 사교육의 열풍으로 유아는 신체적 · 정서적으로 심각한 위기에 처해 있다고 보았다. 또한, 과거의 자연주의 교육사상을 되짚어 보고, 유아와 교육의 관계를 재정립하는 것이 중요하다고 말했다.

숲은 다양한 생명체가 공존하는 장소이며, 인간이 스스로 인간과 자연 간의 관계를 재조명하고 자연의 가치를 인식하며 공존적 삶의 태도를 형성하도록 돕는 곳이다(김기원 외, 2006; 조형숙, 2005).

유아는 나무에 오르고, 자연물을 가지고 놀며 숲의 동식물을 관찰하고, 만지고, 교감하면서 오감각이 발달하고, 주의력을 회복하게 된다. 그리고 자연에 대해 알아가는 과정을 통해 자연과 친밀감을 형성하고 살아 있는 생명체에 흥미를 느끼며 존중할 뿐만 아니라 자연과 교감을 나눌 수 있게 된다(Cornell, 2002; Louv, 2005; Wilson, 1995). 그러므로 숲은 아이들에게 삶의 터전을 보호하는 지혜뿐만 아니라 더불어 살아가는 삶의 태도를 가르치기에 좋은 교육 장소가 된다.

자연에 대해 알아가는 방법이나 자연에 대한 경외감, 놀라움 등은 성인이 되면서 점차 감소하기 때문에 유아기에 경험하는 자연과의 교감이 매우 중요하므로, 만일 이 시기를 놓친다면 다시 되돌리기 어려울 수 있다(홍은주, 2006). 그러므로 유아가 자연을 배우고, 익히며 체험하는 경험의 기회가 자주 제공되어야 한다.

유아가 자연과 친밀한 관계를 맺는 데 손쉽게 사용할 수 있는 것은 바로 자연에서 쉽게 보고, 만지고, 느낄 수 있는 자연물이다. 자연물에는 색, 느낌, 향기, 맛, 소리 등이 풍부하기 때문에 유아가 자연을 체험하고 교감하는 데 매우 유용한 도구이다. 자연물을 조작할 때 유아는 다양성, 복잡성, 아름다움과 같은 자연세계의 특징을 배우고 관찰, 비교, 실험, 분류, 예측과 같은 과학과정기술도 습득하게 된다. 또한, 유아는 자연물을 통한 체험활동에서 점차 자연세계를 친숙하고 편안한 것으로 느끼게 된다(Wilson, 2010).

이와 같이 유아는 자연물을 보고, 만지고, 느끼고, 관찰하는 경험을 통해 자연물에 의미를 부여하게 되며 이를 예술로 표현할 수 있게 된다. 경험을 통한 교육을 주장한 듀이(Dewey, 2003 : 22~23)도 "토양과 공기, 습도, 꽃의 기원인 씨앗의 상호작용에 대한 지식이 없어도 꽃을 향유하는 것은 가능하다. 그러나 이 상호작용을 참작하지 않고서는 꽃을 이해하는 것은 불가능하다."고 하였다. 이 말의 뜻은 자연(꽃)에 대한 지식이 없어도 자연(꽃)을 느끼거나 교감(상호작용)할 수 있으나, 자연(꽃)과의 상호작용이 없이는 자연(꽃)을 이해할 수 없다는 것이다. 여기서 말하는 '이해'란, 자연물에 대한 생태적인 이해이며, 예술작품은 이러한 통합적인 경험을 통해 창조되는 것이다.

더욱이 자연물을 체험하는 활동은 유아의 감각발달에 매우 중요하며(Knight, 2011), 자연물을 탐색할 때 몇 가지 감각을 차단하면 다른 감각에 더 집중하여 자연을 느끼게 된다. 예를 들어 눈을 가리고 숲길을 걸으면 냄새, 소리, 맛, 촉감 등 평소에는 눈으로 보기 때문에 몸으로 잘 느끼지 못했던 자연을 발견할 수 있게 되고, 이를 통해 자연과 일체감을 경험하게 된다(송민영, 2006).

유아는 숲체험을 통해 자신이 하나의 생명체임을 인식하고 숲에서 서식하는 다양한 생명의 소리, 냄새, 느낌을 오감을 통해 경험하고, 생명체를 사랑하고 이해하는 감성을 키워 나가게 된다. 더불어 유아는 자연에 대한 호기심이 생기고 자연의 다양한 공존관계를 이해하며 자연에 대한 책임감 있는 태도를 형성하게 된다(남효창, 2006). 그러므로 자연물을 통해 구체적이고 통합적인 경험을 제공하는 것은 영유아의 전인적 성장발달에 도움이 되며, 유아는 자연을 사랑하고 더불어 살아가야 함을 깨닫게 된다.

유아는 본능적으로 주변의 사물을 만지고, 살피고 느끼면서 배우고 익혀 나간다. 그러므로 자연, 즉 숲이야말로 유아에게는 최고의 교육공간이며 교육재료 그 자체라 할 수 있다. 이러한 내용을 바탕으로 숲의 교육적 가치를 살펴보면 다음과 같다.

첫째, 생명의 탄생을 경험한다. 모든 생명이 새롭게 시작하는 봄이 되면 숲은 새로운 탄생을 맞이하며 분주해진다. 겨우내 언 땅에 몸을 낮춘 꽃은 꽃봉오리를 틔워 곤충을 유혹하고, 나무는 가지마다 잎을 내어 햇빛을 모으기 시작한다. 알에서 깨어난 애벌레와 유충은 연둣빛 나뭇잎을 부지런히 갉아 먹으며 성장해 간다. 이러한 숲에서 유아는 식물과 동물의 탄생을 경험하며 생명의 신비함과 경이로움에 빠져들게 된다.

둘째, 죽음을 경험한다. 생명의 신비란 제한적인 삶을 살아감을 의미한다. 이 세상 모든 생명체가 지닌 생명의 유한함 때문에 서로의 삶이 소중하고 중요하며 존중해야 함을 인식할 수 있다. 유아는 한해살이풀이 열매를 맺은 후 다 시들어버린 것을 보고, 고목의 밑동이 썩어 가는 것을 관찰하며, 생명이 다한 곤충의 사체를 관찰하는 등 동식물의 죽음을 경험하면서 생명의 신비를 알게 된다. 또한, 생명의 소중함을 느끼고 생명을 존중하는 태도도 길러진다.

셋째, 호기심을 통해 배우게 된다. 숲을 경험한 유아는 새롭게 관찰한 자연물에 대해 다양한 호기심과 궁금증을 갖게 된다. 예를 들면 '애벌레는 무엇을 먹어요?', '애벌레는 어디에서 살아요?', '애벌레는 커서 무엇이 되나요?', '이 나무는 몇 살이에요?', '다람쥐는 도토리를 어떻게 운반해요?' 등과 같다. 유아의 호기심 가득한 질문을 바탕으로 궁금한 점을 해결해 가게 되면 자연물에 대한 지식을 스스로(자발적으로) 형성하게 된다.

넷째, 사색을 하게 된다. 위대한 철학자, 예술가들은 숲에서 사색을 즐겼다. 숲길을 걸으며 자연의 아름다움을 느끼고, 조용히 자신의 삶을 살아가는 자연을 통해 자신이 누구인지, 무엇인지, 어떻게 살아가야 하는지 등을 성찰하였다. 유아도 풀냄새 가득하고 자연의 소리가 어우러진 숲에 머물면서 아름다움에 대해 탐색하게 되고, 자신과 자연의 관계를 생각하게 된다. 그리하여 인간과 자연이 서로 공존하고 더불어 살아가야 함을 깨닫게 된다.

다섯째, 자유를 느끼게 된다. 숲은 감각적으로 열린 공간이고, 변화무쌍한 장소이다. 일 년 내내 같은 색과 같은 가구들이 존재하는 건물과 달리 계절과 날씨에 따라 색, 냄새, 느낌, 만남 등이 다양한 자유로운 공간이다. 이러한 숲에서 유아는 다채로운 자연을 경험하게 되고, 비구조화된 놀잇감(나뭇가지, 돌멩이, 꽃송이 등)을 이용한 창의적인 놀이활동을 통해 자유로움을 경험하게 된다.

3. 자연주의교육

유아교육사에서도 자연의 가치와 중요성, 자연이 유아의 발달에 미치는 영향 등에 대해 오랫동안 논의되어 왔다. 초기 자연주의 학자들의 사상적 흐름은 17세기 낭만적 자연주의의 대표 학자이며 자연의 특성과 본질을 교육에 적용한 루소[6]에서 시작되었다고 볼 수 있다. 루소는 자연의 의미를 변형됨과 훼손이 없는 창조주가 만든 그대로의 본성이라고 했고, 교육이란 본성을 되찾게 하는 것, 본성으로 돌아가는 것이라고 정의하였다(오인탁 외, 1998). 이러한 루소의 교육사상은 이후 페스탈로치와 프뢰벨[7]에게 영향을 미쳤다(곽노의, 2010; 오인탁 외, 1988; 주영흠, 2003). 이 절에서는 자연주의 학자들의 교육사상을 구체적으로 살펴보겠다.

루소는 『에밀』에서 문명화된 도시에서 인간은 도덕적으로 타락하였고, 이를 회복하기 위해서는 다시 자연으로 돌아가야 한다고 밝혔다. 이 '자연으로 돌아가라'는 것은 인간이 자연을 신뢰하고 경이로움을 가질 때 인간성 회복이 시작될 수 있고 이러한 출발은 교육에서 시작해야 함을 의미한다(곽노의, 2006).

---

6) 루소(J. J. Rousseau: 1712~1778), 프뢰벨(F. W. A. Fröbel: 1782~1852), 페스탈로치(J. H. Pestalozzi: 1746~1827).

7) 페스탈로치는 직관교육과 노작교육을 주장하였다. 프뢰벨은 유치원을 창시하였으며, 특별히 야외놀이와 정원 가꾸기 등 자연교육을 강조하였다.

루소 교육의 특징과 교사의 역할은 다음과 같다(주영흠, 2003).

첫째, 교육이란 유아의 본성에 따라 이루어지는 것이다. 유아의 본성에 따라 교육을 한다는 의미는 교사가 의도적인 교육을 제공하여 지식을 전달하는 것이 아니라 유아가 자발적으로 배우려고 할 때, 즉 스스로 지식을 발견할 때 교육이 이루어진다는 것이다. 이때 교사는 인내심을 발휘하면서 유아가 스스로 발견할 수 있도록 격려해야 한다.

둘째, 교육은 유아가 준비될 때까지 기다려야 한다. 준비라는 것은 유아가 배우고자 하는 것에 관심을 보이는 것을 말한다. 이를 위해 교사는 우선적으로 학습 분위기를 조성해야 한다.

셋째, 교육은 유아의 관심과 욕구를 고려해야 한다. 여기서 욕구란 단순히 유아가 원하는 것이 아니라 유아에게 필요한 요구를 의미한다. 그러므로 교사는 유아의 관심과 욕구가 적절하고 유아에게 필요한지를 구별해야 한다.

넷째, 교육은 직접적인 경험이 매우 중요하다. 유아의 학습은 감각경험과 더불어 놀이를 통해 주변세계를 탐구한다. 이를 위해 교사는 직접적이고 감각적인 경험을 제공해야 한다.

다섯째, 교육은 유아의 개별적 특징, 개성, 독창성을 존중하므로 교사는 유아의 자연을 파악하며, 그러한 자연에 맞춘 교육이 이루어질 수 있도록 도와주어야 한다.

루소의 철학은 근대의 교육사상과 현대의 아동중심교육에 영향을 미쳤다.

페스탈로치는 본연적인 자연에 합치하게 하는 교육인 '합자연의 원리'를 교육의 출발점으로 삼았는데, 여기에는 루소의 자연주의 사상이 반영되었다. 페스탈로치는 교육의 목적은 인간의 정서, 지성, 신체, 도덕 등 전인적 발달을 꾀하는 것이므로, 이를 위해서 부모와 교사는 유아의 내부욕구, 충동, 흥미, 감정 등을 존중하고 스스로 사고할 수 있도록 교육을 제공해야 한다고 강조하였다(곽노의 · 홍순정, 2008).

페스탈로치의 자연주의 교육철학을 알아보기 위하여 그가 제안한 세 가지 교육원리를 구체적으로 살펴보겠다(곽노의 외, 2010),

첫째, '합자연의 교육원리'이다. 이는 유아의 자연스러운 본성에 입각하여 유아의 감각과 소질 및 본성에 합하도록 교육하는 것을 말한다. 예를 들어 사물의 특성과 성질을 알 수 있도록 먼저 감각적 경험을 제공한 후 그 사물의 특징을 알게 하고 그다음에 사물의 개념을 인지하는 것이다(고후순 · 김동일 · 조옥희, 1996).

둘째, '직관의 원리'이다. 이는 모든 교육은 구체물을 관찰하거나 감각적으로 직접 경험하면서 이루어져야 한다는 것이다. 이러한 직접적인 감각경험은 유아 스스로 사고하고 지식을 구성할 수 있도록 도와준다.

셋째, '노작교육의 원리'이다. 이는 유아의 자발적이고 능동적인 정신과 마음, 신체의 공작, 원예, 요리 등의 작업을 말한다(표준국어대사전). 즉, 노작교육의 원리는 유아의 전인적 성장과 발달을 위한 교육의 초석에 해당한다.

이와 같은 페스탈로치의 교육원리는 현대 유아교육의 교육목적, 교수방법, 부모와 교사의 역할에 많은 영향을 미쳤고, 아동중심 교육의 초석을 다지는 데도 기여했다(곽노의, 2010).

유치원의 창시자 프뢰벨도 대표적인 자연주의 교육자로서, 모든 인간과 사물은 신성함을 지니며 그러한 신성성을 개발하고 선하게 가꾸는 것을 교육의 목적이라고 하였다(곽노의 · 홍순정, 2008). 특히, 프뢰벨(2005:72)에 의하면 "놀이는 인간과 모든 사물 안에 감추어진 본성적인 삶으로써 초기 단계의 인간에게 있어 가장 순수하며 영적인 활동인 동시에 인간의 삶 전체를 표상하는 활동이다."라고 정의하고, 유아의 놀이를 강조하였다. 놀이는 유아가 스스로 흥미와 욕구를 바탕으로 삶을 모방하며 자발적으로 진행하는 것이므로 이를 통해 전인적으로 성장하고 발달할 수 있다고 하였다(곽노의, 2001).

프뢰벨은 『인간의 교육』에서 자연에서의 교육을 강조하였는데, 이는 유아가 자연을 접하고 느낄 때 자연물의 생물학적인 지식이나 자연적인 법칙을 교사에 의해 인위적으로 학습받는 것이 아니라 스스로 자연에서 궁금증이 생기고 그것을 해결하려고 노력함으로써 자연에 대해 이해하는 것을 의미한다.

아동은 자연친화적이 되어야 한다. 그러나 자연의 상세한 부분이나 외적 형식 하나하나를 자연 안에서 살아 자연을 지배하는 하나님의 정신과 연결하라는 의미가 아니다. 아동도 이것을 깊이 느끼고 원하고 있기 때문에 자연 사랑이 그대로 살아 있고, 교사와 학생 관계도 아주 친밀하여 자연과 자연물에 대해 깊게 연구한다.

> 부모와 학교 교사는 이 점을 반드시 기억하고 적어도 일주일에 한 번 각 반의 학생들과 산책을 해야 하는데, 양 떼를 몰고 가는 것이나 중대 수준의 군인들을 인솔하고 가는 것같이 할 것이 아니라 아들과 함께 가는 아버지처럼, 동생과 함께 가는 형처럼 계절과 자연이 그들에게 보여 주는 것을 조금이라도 더 알게 하는 것같이 해야 한다.
>
> – 프뢰벨(2005), p.172 –

인용문에서 알 수 있듯이 프뢰벨은 유아기에는 자연주의교육을 받을 수 있도록 하는 것이 매우 중요하다고 보았다. 그러기 위해서 교사는 유아와 함께 자연과 자연물에 대해 깊이 있는 탐구를 하며 유아가 자연에 대해 이해하고 자연친화적인 태도를 기를 수 있도록 도와줄 것을 강조하였다.

자연주의 학자들이 자연과 유아교육에 대한 사상을 통해 공통으로 강조한 것은 다음과 같다. 유아를 교육한다는 것은 인간이 타고난 선한 본성을 개화시켜 조화로운 인간으로 성장하도록 가르친다는 뜻이다. 또한, 본성에 맞는 교육이란 아동중심의 교육을 의미한다. 자연은 이러한 교육을 실현할 수 있는 최고 교육의 장이며, 유아의 전인발달을 위해서는 자연을 활용한 교육이 아주 중요함을 알 수 있다.

이후 미국의 유치원에서도 자연관찰을 통한 자연학습을 강조하면서 자연물을 구체적으로 조작하는 감각 위주의 실물교육이 강조되었다. 1914년 영국 뎁퍼드에 18개월~7세 유아를 위한 야외학교(open-air Nurery School)를 설립한 마가렛 맥밀런은 최고의 교실은 자연이며, 이곳에서 아이들은 자연물과 깊이 있게 만난다고 했다. 그는 아이들이 만개한 꽃을 냄새 맡고, 아름다움을 느끼며, 나무에 오르고, 비 온 뒤 물웅덩이를 탐색하고 놀이한다면 그것만으로도 행복한 유년기를 보낼 수 있다고 했다(이상욱, 2014). 또한, 자연친화적인 놀잇감을 제공하는 발도르프유치원이나 처음부터 자연에서 놀이하고 학습하는 숲유치원이 생겨나면서 자연과 유아교육은 불가분의 관계가 형성되었다.

2 유아를 위한 자연주의교육

유아교육에서 자연은 아동중심교육을 실천하는 장소로 인식하고, 자연을 기반으로 한 다양한 교육방법이 시도되었다. 이에 이 장에서는 유아를 대상으로 한 다양한 자연주의교육 프로그램을 살펴보겠다.

1. 자연친화교육

유아는 본능적으로 주변의 사물을 만지고, 살피고, 느끼면서 배우고 익혀 나간다. 물활론적인 사고를 지닌 유아는 자연에 대해 창의적이고 개방적으로 다가갈 수 있으며 자유롭고 적극적인 탐색을 하게 된다(조형숙 외, 2007). 최근 들어 유아의 발달특성에 적합한 자연주의교육의 일환으로 자연친화교육이 유아교육 현장에서 많이 적용되고 있다.

자연친화교육이란 “자연과의 교류와 체험을 일상화하는 교육적 접근을 통해 자연의 가치를 인식하고 인간과 자연, 자연 개체물 간의 관계를 이해함으로써 공존적 삶의 태도와 실천 능력을 기르는 인성교육을 근간으로 하는 통합교육”(조형숙, 2005:346)이며, “유아가 자연을 하나의 생명으로 인식하고 직접 경험함으로써 자연과 상호적인 교류를 통해 전인적인 발달을 이루도록 하는 교육”(지옥정, 2009:12)을 말한다. 다시 말하면, 자연과 인간의 관계는 더불어 살아가는 공존 관계로 인식하는 것이 바로 자연친화교육이라고 할 수 있다.

자연친화교육은 생태교육의 등장으로 유아교육 내에서 대두되었다(조형숙, 2005, 재인용). <그림 4>의 내용과 같이 1990년대에는 환경보호 차원에서 실시되었던 ‘환경교육’이 이후 좀 더 광의의 개념으로 접근하였다. 이는 모든 생명체는 서로 연결되어 있고 서로에게 영향을 주고받는다는 ‘생태교육’의 틀 안에서 자연주의 환경교육을 제공하였다. 그러다가 2000년대 들어와서는 유아기부터 자연에 대한 친화력을 기르고, 자연과 공존적 태도를 강조하는 '자연친화교육'이라는 명칭으로 독자적인 프로그램이 개발 · 보급되었다(지옥정, 2009).

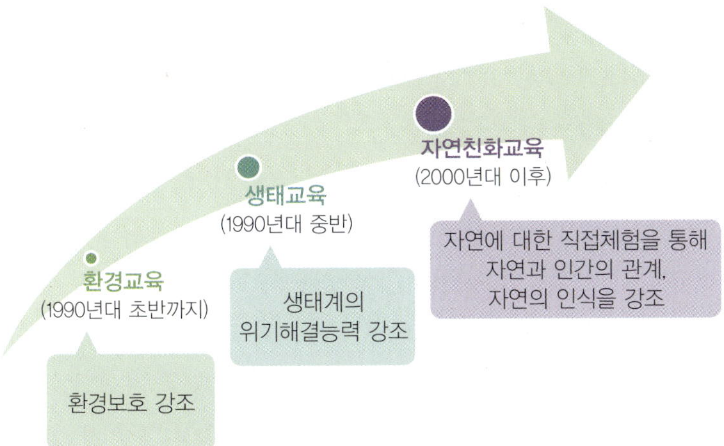

그림 4 자연친화교육의 역사

자연친화교육은 자연체험을 통해 인간과 자연의 관계를 이해하고 자연의 가치 인식을 중요시하는 접근방법이다. 이는 자연파괴 현상 속에서 생태계의 위기를 해결하는 능력을 위한 '문제해결 중심의 환경교육'과는 성격이 다르게 접근되었다(조형숙, 2005). 자연친화교육이 유아교육에서 중요한 것은 유아기는 인격 형성의 기초 시기임과 동시에 결정적인 시기에 해당되기 때문이다. 이에 유아기에 형성된 가치관과 생활태도는 이후의 삶에도 큰 영향을 미치므로(홍은주, 2006), 특별히 유아기에 자연과 긍정적인 만남을 통해 자연을 아끼고 사랑하는 자연친화적인 태도를 지닐 수 있도록 기회를 마련해 주어야 한다. 이런 점을 고려하여 유아기 자연친화교육의 필요성을 살펴보면 다음과 같다(지옥정, 2009).

첫째, 자연파괴와 환경오염이 심각한 현대사회의 근본적인 해결책은 어린 시기부터 환경교육을 받아야 한다. 이를 위해서는 유아가 자연에서 직접 체험을 하는 등 자연친화적인 태도를 길러 주어야 한다.

둘째, 현대사회의 주거환경 변화나 도시화에 따라 유아가 신체적 · 정신적으로 여러 가지 문제에 직면하게 되므로, 이를 예방하려면 먼저 유아교육기관에서는 의도적으로 자연친화교육을 운영해야 하고(양옥승, 2001), 유아가 자연친화적인 생활을 할 수 있도록 사회환경을 개선하는 등 유아의 신체적 · 정신적 건강이 유지되고 향상될 수 있도록 고려해야 한다.

셋째, 유아의 생태적 감수성을 개발할 수 있는 기회를 제공해 주어야 하는데, 이를 실천하려면 자연에서 다양한 경험을 할 수 있는 자연친화교육이 필요하다. 윌슨(Wilson, 1995)에서는 유아가 바깥놀이를 자주 하거나 비구조화된 놀이를 많이 하면 모든 발달영역인 심미감, 인지발달, 의사소통기능, 감각운동기능, 사회 · 정서발달 등에 긍정적인 영향을 미친다고 보았다.

넷째, 유아가 자연 안에서 다양한 생명체를 접하고, 자연을 진정으로 이해하며, 더 나아가 자연의 질서나 생명의 원리를 깊이 있게 깨달아 자연과 조화롭고 공존하는 방법을 배울 수 있도록 자연친화교육이 필요하다. 이를 위해 환경부(2004)에서는 자연에 대한 이해를 목적으로 하는 '체험환경교육 프로그램'을 개발하여 보급하였다.

다섯째, 유아의 인권을 보호하기 위해서도 자연친화교육이 필요하다. 도시에는 유아가 안전하게 놀 수 있는 공간이 드물다. 이러한 단점을 해결할 수 있는 방법으로 유아를 위한 안전하고 자연친화적인 공간을 구성하는 것이야말로 유아의 인권 보호에도 걸맞다.

여섯째, 유아가 상호협력적인 구성원으로 성장할 수 있도록 도와주기 위해서도 자연친화교육이 필요하다.

이외에도 인간의 삶의 질 향상과 국제이해를 위해서도 자연친화교육이 중요하다는 인식이 있다. 이인식(2005)에서는 환경문제는 단지 자연오염, 생태계 파괴로만 그치는 것이 아니라 빈곤층의 증가, 실업난, 인권문제 등을 양산하게 되므로 사람들이 평화롭고 균형적인 삶을 살아갈 수 있도록 개인 간, 이웃 간, 국가 간에 상호협력하고 공존해야 한다는 관점이다. 이러한 의식을 배양하려면 유아기 때부터 자연친화적인 교육 기회를 맛볼 수 있어야 한다.

우리나라에서 시행하고 있는 5세 누리과정에도 사람과 자연을 존중하고 사람을 자연의 일부로 인식하여 자연과 사람의 관계를 존중하는 것을 기본 구성 방향으로 설정하였다. 따라서 교육부에서는 과학탐구영역에 자연친화적인 교육내용을 반영하였다.

과학탐구영역은 주변의 자연물이나 사물을 오감각으로 탐색하며 아름다움을 인식하고, 그 과정에서 느끼는 것을 예술적으로 표현해 보거나 자연의 요소를 선택하여 그림을 그리거나 꾸미는 예술경험이나 자연물의 특성을 관찰하고 궁금한 것들을 조사하고 그 결과를 과학적으로 입증하는 것이므로(교육기술과학부, 2011) 자연친화적인 교육에 적합하다고 본다.

따라서 유아를 위한 자연친화교육은 자연에 대한 지식과 이해를 습득하고, 자연과 더불어 살아가는 자연친화적인 태도를 기르며, 자연에 대한 체험활동을 통해 탐구하는 기술을 배울 수 있다는(조형숙 외, 2005; 홍은주, 2006; 지옥정, 2009) 것과 유아 주변의 자연환경에서 쉽게 찾아볼 수 있는 자연물, 동식물, 무생물을 주제로 하여 직접 체험하는 다양한 교수방법에 의해 제공된다는 점에서 중요한 자연주의교육 프로그램에 해당된다.

2. 숲체험교육

숲체험교육이란, 숲이라는 공간에서 오감각을 통한 직접적인 체험활동을 통해 자연을 이해하고, 배우며, 사랑하는 것을 말한다. 우리나라에서는 숲체험교육이 숲체험, 자연체험, 숲생태교육 등의 용어와 혼용되고 있다.

여기에서는 우리나라 숲체험교육에 큰 영향을 미친 두 가지 교육프로그램을 소개하겠다.

1) 쉐어링네이처(Sharing Nature) 프로그램

쉐어링네이처 프로그램은 미국의 자연주의자이자 자연교육자인 조셉 B. 코넬(Joseph B. Cornell) 박사가 개발한 자연체험교육이다. 이 프로그램은 플로러닝(Flow Learning)이라는 4가지 단계를 설정하였다. 플로러닝이란, 자연에 대한 인식을 깨닫기 위해 참가자의 마음 상태에 맞추어 자연스럽게 물 흐르듯이 자연을 체험하고 나누는 교수방법을 가리킨다.

플로러닝 교수단계의 첫 번째 단계는 '열의를 일깨우기'로, 참가자들의 호기심과 흥미를 이끌어 숲활동의 동기를 부여하게 한다. 두 번째 단계는 '주의를 집중하기'로, 오감을 통해 관찰력과 집중력을 높여 자연을 배우는 것이다. 세 번째 단계는 '자연을 직접 체험하기'로, 자연의 리듬과 흐름에 몸을 맡기고 정신을 집중하게 되면 마음이 평온해지면서 자연과 직접 체험하는 경험을 하게 된다. 네 번째 단계는 '감동을 서로 나누기'로, 활동의 평가에 해당하는데, 자연에 대한 깊은 이해와 자연에서 받은 감동을 서로 나누는 시간을 가지며 마무리한다(<표 1> 참조).

표 1 플로러닝의 교수단계

단계	명칭	내용	동물마크
제1단계	열의를 일깨운다.	참가자들의 호기심과 흥미를 이끌어 숲활동의 동기를 부여하게 한다.	수달
제2단계	주의력을 집중한다.	오감을 통해 관찰력과 집중력을 높여 자연을 배우는 것이다.	까마귀
제3단계	자연을 직접 체험한다.	자연의 리듬과 흐름에 몸을 맡기고 정신을 집중하게 되면 마음이 평온해지면서 자연과 직접 체험하는 경험을 하게 된다.	곰
제4단계	감동을 서로 나눈다.	활동의 평가에 해당하는데, 자연에 대한 깊은 이해와 자연에서 받은 감동을 서로 나누는 시간을 가지며 마무리한다.	돌고래

위에 소개한 플로러닝의 교수단계를 실제로 적용해 볼 수 있도록 '나무'를 주제로 구체적으로 살펴보겠다(Cornell, 2002).

첫 번째 단계인 '열의를 일깨우기'에서는 <올빼미와 까마귀>라는 게임을 한다. 이 게임은 우선 참가자를 두 모둠으로 나누고 한 팀은 올빼미, 다른 한 팀은 까마귀라고 정한다. 그다음에 진행자가 나무에 대한 생태적인 지식을 이야기할 때 그 내용이 맞으면 올빼미가 까마귀를 쫓아가고, 틀리면 반대로 까마귀가 올빼미를 쫓아가는 것이다. 이 활동은 참가자가 나무에 대한 생태적 지식이 있을 때도 진행이 가능하다. 이외에도 다양한 문제제시가 가능한데, '소나무는 여름이 되면 잎이 떨어집니다.', '도토리는 졸참나무 또는 떡갈나무에 열립니다.', '소나무, 전나무, 솔송나무는 모두 상록수 잎입니다.' 등이 있다. 이 활동을 통해 참가자들은 나무에 대한 호기심이 생기고 나무의 생태적 특성에 관심을 갖게 된다.

두 번째 단계인 '주의를 집중하기'에서는 참가자가 마음에 드는 나무를 정하고 그 밑에 앉는다. 그다음에는 종이에 자신이 앉은 곳을 표시하고, 주변에서 들리는 소리를 글이나 그림이 아닌 기호로 표현하는 <소리지도> 활동을 제공한다. 이 활동을 통해 참가자들은 자연을 체험하기 위해 주의를 집중할 수 있게 된다.

세 번째 단계인 '자연을 직접 체험하기'에서는 오감각을 통한 자연체험활동이 이루어진다. 여기에서는 <내 나무예요>, <나무 만들기> 활동이 진행될 수 있다. <내 나무예요>는 둘씩 짝을 지어 한 사람은 눈을 가리고 나머지 한 사람은 안내자가 된다. 안내자는 자신이 선택한 나무로 짝꿍을 데리고 가서 탐색하게 한 후 출발점으로 되돌아오고, 짝꿍은 안대를 벗고 자신이 탐색나무를 찾는다. 그런 다음 역할을 바꾸어 다른 나무를 모두 탐색해 본다. 이후에 <나무 만들기> 활동을 통해 4~5명이 소그룹으로 나무를 구성해 본다. 이러한 활동을 통해 참가자들은 나무를 주의 깊게 관찰하고 탐색하며 자연을 더욱 깊이 체험하게 된다.

마지막 단계인 '감동을 서로 나누기'에서는 나무에 대한 나의 느낌과 생각, 그리고 사랑을 시로 표현해 봄으로써 참가자들끼리 나누는 <나의 시> 활동으로 마무리한다.

이렇게 '나무'에 대한 플로러닝이 끝나면 참가자들은 나무의 생태적인 지식을 이해하고, 나무에 애정을 느끼며, 더 나아가 자연에 대한 경이로움을 경험할 수 있게 된다. 이와 같이 4단계가 항상 한꺼번에 진행되어야 하는 것은 아니며, 참가자들의 성향에 따라 유동적으로 단계를 조정할 수 있다. 그러나 숲활동은 참가자의 마음을 사로잡는 것에서 출발하기 때문에 가능하면 '열의 깨우기'부터 활동을 시작하는 것이 좋다. 참가자들이 즐거움을 서로 나눔으로써 친근감을 느끼게 되고 열린 자세로 자연에 대한 교육이 이루어질 때 더 효과적이다(Cornell, 2002).

다시 말하면, 쉐어링네이처 프로그램은 '열의를 깨우고, 주의를 집중하며, 자연을 체험하고 참가자들끼리 함께 감동을 나누는 단계'를 제공함으로써 일반적인 자연체험보다 훨씬 더 자연을 인식하고 자연과 교감하며 자연을 이해하는 데 유용하다고 볼 수 있다.

2) 숲생태교육

숲생태교육이란, 숲의 현상이나 숲의 의미를 전달하는 교육을 뜻한다. 이 교육은 학교 현장이나 성인을 대상으로 하여 숲의 변화와 다양한 요소를 체험할 수 있는 계기 마련을 출발점으로 볼 수 있다. 이 교육은 독일의 산림학에 기초하여 형성되었다. 교육내용은 숲과 산림학의 모든 범위를 포함하므로 산림학에 더 가깝다고 볼 수 있다. 숲생태교육은 숲을 안전하게 보호하고, 관리, 감독할 뿐만 아니라 이를 위한 전문가, 교사, 산림관, 안내자 등을 양성하고 교육하는 것을 의미한다.

숲생태교육을 제공하기 위한 교수방법은 다음과 같다(남효창, 2006).

첫째, 놀이를 통한 활동방법이다. 교육자는 놀이를 통해 참가자와 공감대를 형성하고 참가자들의 사전지식을 파악할 수 있다. 여기서 말하는 놀이의 유형이란, "자연 안에서 지각을 예민하게 하고(감각놀이), 지식을 증가시키며(관찰과 탐구), 연관성의 인식을 돕고(역할놀이), 창의성을 장려하고(형체나 모형 만들기), 간단하게 긴장을 풀어 주고 자신의 신체를 좋은 방식으로 느낄 수 있게 한다(동작 놀이)."(남효창, 2006 : 89)라는 뜻이다.

둘째, 과제를 통한 활동방법이다. 여기서 과제란, 자연에서 바로 조사와 관찰이 용이하고, 가능한 한 매력적인 것이어야 한다. 참가자들은 과제활동을 통해 더욱 더 적극적으로 숲생태교육에 임하게 된다.

셋째, 해설을 통한 활동이다. 해설은 가장 오래되고 흔한 지식 전달 방법이며, 교육생들에게 자연의 지식을 알릴 수 있는 수단이다. 숲 해설 시 주의할 점을 보면 '가능하면 해설 내용이 짧아야 한다, 해설의 대상은 숲에서 바로 관찰할 수 있어야 한다, 다른 활동과 연결되어야 한다, 해설자는 자연스럽고 분명한 어조로 설명해야 한다, 모든 참가자가 잘 보고 들을 수 있도록 배려한다' 등이 있다.

넷째, 토론을 통한 활동이다. 참가자들이 서로의 지식과 경험, 의견을 교환하는 토론활동은 교육생들의 적극적인 참가를 유도할 뿐만 아니라 자연에 대한 의식을 심화시킬 수 있다. 이때 교육자는 참가자들이 토론을 원활히 진행할 수 있도록 시간을 안배하고, 일방적인 방향으로 나아가지 않도록 적절히 중재해 주어야 한다.

다섯째, 탐구를 통한 활동이다. 이 방법은 숲생태교육에서 매우 중요하다고 볼 수 있는데, 이는 참가자들이 스스로 관찰하고 연구하여 얻은 지식은 아주 오랫동안 간직할 수 있기 때문이다. 이를 위해서 교육자는 학습자의 궁금증을 이끌어 낼 수 있도록 적절한 질문을 해야 한다.

여섯째, 역할놀이를 통한 활동이다. 참가자들이 역할놀이를 통해 자연과 관련된 갈등을 직접 체험해 보고 다양한 이해관계를 경험할 수 있게 된다. 역할놀이 활동은 준비, 실행, 평가의 단계로 진행되므로, 교육자는 참가자들에게 충분한 시간을 제공해 주어야 한다.

일곱째, 예시를 통한 활동이다. 생태교육에 있어서 교육자는 참가자가 오감을 통해 받아들일 수 있는 자료를 준비하고 제공한다. 숲 해설을 하거나 과제활동을 할 때도 교육자가 먼저 예시활동을 보여 주는 것은 매우 효과적이다.

이와 같은 숲생태교육을 제공해 주는 교사를 '숲해설가'라고 한다. 숲해설가란, 숲을 이용하는 사람들에게 숲의 형태, 구성 상태, 구성원 간의 관계 등 자연적인 요소와 인간의 삶과 관련된 것, 역사적인 사항 등 문화적인 요소를 망라한 내용을 소개함으로써 이용자가 숲에 대한 전반적인 이해를 증진시키고, 숲과 자연에 흥미를 가질 수 있도록 유도하고 보조하는 정보를 제공하는 사람을 말한다(산림임업용어사전, 2013). 또한, 「산림교육의 활성화에 관한 법률」 제2조를 보면 "숲해설가란 산림교육 전문가 양성기관에서 산림교육 전문 과정을 이수한 사람으로서 국민이 산림문화 · 휴양에 관한 활동을 통하여 산림에 대한 지식을 습득하고 올바른 가치관을 가질 수 있도록 해설하거나 지도 · 교육하는 사람"이라 정의하고 있다. 우리나라에서 숲해설가는 2000년 이후 급속히 증가하고 있으며, 정확한 수효를 파악할 수는 없으나 매년 약 170개 정도 되는 숲해설가 양성기간에서 교육과정이 개설 · 운영되고 있다(하시연, 2009).

숲체험에 대한 사람들의 요구가 증가하면서 다양한 숲전문가 양성과정이 개설되었다. 그 내용을 살펴보면 처음에는 국립공원을 찾는 성인을 대상으로 해설할 수 있는 '숲해설가' 양성을 시작으로 하여 점차 초 · 중 · 고등학생을 대상으로 해설할 수 있는 숲해설가 양성으로 확대되었다. 여기에 유아를 대상으로 숲해설이 가능한 유아숲지도사 양성과정까지 포함되었다.

특히, 2008년 북부지방산림청[8)]에서 유럽의 숲유치원을 국내에 소개하면서 유아를 위한 숲체험활동이 본격적으로 활성화되었다. 이후 유럽의 숲유치원에 대한 관심이 높아지면서 국내의 유아교육기관은 국립휴양림이나 시 · 도 소유의 지방림에서 마련한 유아숲체험원에서 제공하는 숲체험 프로그램에 참여하고 있는데, 그 수는 해마다 증가하고 있다(전권범, 2012).

숲체험교육에 참가하는 유아의 수효가 증가한다는 것은 자연주의교육에서는 매우 의미 있는 일이라고 할 수 있다. 이는 유아가 숲체험교육을 통해 다양한 감각체험을 할 수 있고, 자연에 대한 호기심과 놀라움을 자연스럽게 표현하고 탐구할 수 있게 됨을 의미한다. 따라서 유아의 전인발달을 위해서도 숲체험교육이 활성화되어야 한다.

---

8) 우리나라의 산림청은 5개 권역으로 나뉘어 운영되고 있다. 북부지방산림청은 산림청 소속의 지방청으로 관할지역(서울, 인천, 경기, 강원, 영서 지역의 72개 시 · 군 · 구)의 국유림을 관리 감독하고 산림복지서비스를 제공하고 있다. 이외에 중부지방산림청(대전광역시, 세종특별자치시, 충남북도 33개 시 · 군 · 구), 서부지방산림청(관할지역: 전라남북도, 서부경남일원 5개 시도, 5개 시 · 군 · 구), 동부지방산림청(관할지역: 강원특별자치도 5개 시 · 군), 남부지방산림청(관할지역: 경상남북도 2개도 3개 광역시, 31개 시 · 군) 등이 있다.

3. 유아를 위한 자연주의교육 효과

1) 선행 연구

유아를 위한 자연주의교육은 어떤 교육적 효과가 있는지 선행연구를 통해 살펴보겠다.

첫째, 자연과 직접 상호작용하는 체험활동이 자연에 대한 긍정적 태도와 존중감을 형성시키며, 자연친화적인 태도가 향상되었다는 연구[주1)]들을 보면 공통으로 자연을 직접 체험하는 교육의 필요성을 주장하였다.

둘째, 자연을 교육매체로 활용하여 과학탐구능력과 과학적 태도에 긍정적인 효과를 제시한 연구들이 있다.[주2)] 이 연구들의 공통점은 유아가 자연을 체험하고, 직접 상호작용하는 활동이 자연스럽게 교육으로 연결된다면, 유아가 능동적인 학습자가 됨으로써 아동중심의 교육이 이루어질 수 있음을 시사했다.

셋째, 유아교육기관을 자연친화적인 환경으로 바꾼 후 유아에게 어떤 영향을 미쳤는지 알아본 연구[주3)]들의 공통점을 보면 유아가 자연을 직접적이고 일상적으로 경험하여 자연과 생명에 대한 경외심을 갖게 되고, 창의적이고 자발적으로 변했다는 것이다. 이는 유아가 자연과 접촉하는 시간이 증가할수록 자연친화적인 태도뿐만 아니라 교육적으로도 효과가 있음을 시사한다.

넷째, 자연친화교육, 숲이나 자연요소 활용, 숲체험을 적용한 활동들이 유아의 과학영역 이외의 다른 발달영역에 미치는 영향을 살핀 연구들을 살펴보면, 먼저

주1) 김정숙 · 김명숙, 2006; 박성은, 2003; 박종헌, 2005; 유혜민, 2004; 최미현, 2000; Chawla, 1998; Cohen, 1992/1994; Cohen & Horm-Wingerd, 1993; Wilson, 1996.

주2) 권미량, 1997; 김정숙 · 김명숙, 2006; 박언휘, 2004; 송미라, 2005; 이희숙, 2002; 안경숙, 2003; 오윤란, 2006; 임재택 외, 2006; 전영로, 2006; 차명애 · 김규수, 2011.

주3) Cronin-Jones, 2000; Demick & Wapner, 1998; Lang & Deitx, 1990; Kennedy, 1991; Larson, 1990; Moller & Taylor, 1991; Moore, 1997; 홍은주, 2003; 조형숙 · 김현주 · 김민정, 2006; 조형숙 · 김선월 · 김현주, 2007.

언어능력에 영향을 미쳤다는 연구[주4], 사회성 발달에 영향을 미쳤다는 연구(김성미, 2008), 정서발달을 향상시킨다는 연구(권혜림, 2012; 김진주, 2011), 표현능력을 신장시킨다는 연구(신지연, 2012; 박선영, 2013) 등 모두 긍정적인 효과가 있음을 보여 준다.

여러 선행연구를 살펴 본 결과, 자연을 교육적 장소와 교육요소로 활용함으로써 유아의 자연에 대한 인식과 태도, 자연탐구, 자연친화적 태도, 자연과 미술, 자연과 음악, 자연과 언어, 자연과 사회 · 정서적인 능력을 향상시키는 데 긍정적인 영향이 있음을 알 수 있다.

2) 자연주의교육이 유아의 발달에 미치는 영향

유아를 위한 다양한 자연주의교육은 유아의 발달에 어떤 영향을 미칠까? 이에 대해 많은 학자들은 숲체험활동, 자연친화교육 등의 자연주의교육이 유아의 신체 · 운동능력, 언어능력, 사회 · 정서, 탐구능력, 인지능력을 발달시키는 데 긍정적인 영향이 있다고 보았다. 또한, 윌슨(Wilson, 1995)도 자연체험활동이 유아의 심미감 발달과 인지 발달, 의사소통능력 발달 그리고 사회 · 정서 발달을 돕는다고 했다. 여기에서는 자연주의교육이 유아의 영역별 능력에 어떤 영향을 미치는지 살펴보겠다.

(1) 숲과 신체 · 운동능력 발달

숲에서는 교사가 의도적으로 교구와 교재를 준비하지 않아도 언덕을 오르고, 풀밭에서 구르며, 쓰러진 나무 위에 균형을 잡으며 서 있고, 솔방울을 옮기거나 주고받는 등 다양한 활동을 통해 자연스럽게 유아의 대근육을 발달시킬 수 있다.

주4) 오소영, 2010; 이경숙, 2008; 이인숙, 2008; 권혜림, 2012.

"아이들의 존재란 움직이는 존재라는 데 있다."라는 독일의 격언을 통해 움직임 교육의 중요성을 주장하였다. 다시 말하면, 넓게 확 트인 공간인 숲에서 다양한 움직임을 통해 운동능력이 발달한다는 뜻이다(Köllner, 1998; 이명환, 2007, 재인용).

스위스의 숲유치원에서는 유아들이 매일 울퉁불퉁한 길을 걷고, 오르고, 뛰어내리는 활동을 하게 되면 균형감각은 물론 점프 능력 향상과 같은 대근육 운동 능력이 향상되었다는 연구결과를 발표했다(Kiener, 2003; 장희정, 2010, 재인용). 그러나 소근육발달에서는 숲유치원 유아들과 일반 유치원 유아들 간에 별 차이가 없었다고 밝히면서 숲유치원 아이들이 소근육발달에 소홀할 수 있다는 편견이 생길 수 있으므로 숲유치원에서도 색연필, 가위 사용 등 소근육을 발달시킬 수 있는 활동을 제공해야 한다고 주장했다(Kiener, 2003; 장희정, 2010, 재인용).

하프너(Häfner, 2009)에서도 숲유치원 출신과 일반 유치원 출신의 아이들을 대상으로 비교연구한 결과, 신체능력에서는 두 집단 간에 특별한 차이가 없었다고 밝혔다. 즉, 일반 유치원에서 운동능력과 관련된 활동을 지속적으로 제공한 연습의 효과라고 밝히며 숲유치원에서도 유아의 운동능력을 발달시킬 수 있는 다양한 활동—춤, 움직임 활동 놀이 등—을 제공해야 한다고 주장했다.

한편 헤르그(Helg, 2009)에서는 3세부터 9세까지의 아이들은 활동적 욕구를 지니고 있어서 다양한 근육을 움직이는 활동적인 활동을 선호한다고 말했다. 헤르그는 유아가 환경과 상호작용을 통해 대근육 발달부터 소근육 발달까지 자연스럽게 발달할 수 있다고 말하며, 숲에서의 활동은 유아의 대·소근육 발달을 자연스럽게 이끌 수 있다고 주장했다. 예를 들어 길을 가다 흙을 발견하고 주무르며 구워서 그릇으로 만드는 활동은 대·소근육 발달과 함께 신체발달을 꾀할 수 있다. 또한, 유아는 숲에서 흙냄새를 맡고, 흙을 만지며, 새소리를 듣고, 나무껍질을 만지는 활동을 통해 시각, 촉각, 청각 등의 감각을 발달시킬 수 있다.

이와 같은 연구결과를 살펴보면 정해진 계획 없이 숲으로 가서 산책활동을 하고, 머무르는 것은 아이들의 소근육 능력을 발달시키는 데 부족할 수 있으므로 숲에서도 체계적인 운동발달 프로그램 제공이 필요함을 알 수 있다.

(2) 숲과 언어능력 발달

숲에서는 자연 소재를 장난감으로 활용하고 거기에 의미를 부여하는 과정에서 언어를 사용하고자 하는 자극을 더 많이 받게 되므로, 유아 상호 간의 대화가 늘어나게 된다(Bickel, 2001; 이명환, 2007, 재인용). 곽노의 외(2010)에서도 숲에서는 탐구해야 할 미지의 것들이 매일 새롭게 발견되므로, 다양한 의사소통 기회가 제공된다는 것이다.

따라서 유아의 언어적 표현 능력이 촉진되며, 숲에서는 혼자 놀이보다는 자연물을 활용한 집단 놀이가 주로 이루어져 사회적 상호작용을 통해 언어발달이 자연스럽게 이루어진다고 보았다. 윌슨(Willson, 1996)에서는 유아가 풍부한 대화를 할 수 있는 자연친화교육은 의사소통기술에 중요한 동기를 부여하여 언어능력 발달에 효과적이라고 했다.

또한, 유럽의 숲유치원에서도 하루일과 중 '동화 듣기', '발견한 자연물에 대해 이야기 나누기', '동시 낭독하기', '극놀이하기' 등 다양한 언어활동을 제공하고 있다. 그러나 숲에서 쓰기와 관련된 활동은 나뭇가지로 글자 모양을 만들어 보고 땅에다 긁적거리는 기회 등이 제공되어서 언어영역의 4가지 하위 요소(듣기, 말하기, 읽기, 쓰기)가 골고루 교육과정에 반영되었는지는 확인하기 어렵다.

(3) 숲과 사회 · 정서 발달

숲에서 이루어지는 숲체험교육은 자연을 존중하고, 자연과 교감을 통해 유아의 감각을 기르며, 정서 발달을 도울 수 있다. 또한, 또래와 협력을 통해 협동심, 성취감과 같은 사회성도 증진시킬 수 있다(곽노의, 2010; 김은숙, 2010; 이명환, 2007; Helg, 2009; Kinght, 2013). 이는 숲유치원 출신 아동들이 일반 유치원 출신 아동들보다 사회성이 뛰어나고 과학적인 지식도 풍부하다고 밝힌 연구(Häfner, 2009), 숲체험활동이 유아의 친사회적 능력 증진에 도움이 되었다는 연구(박언휘, 2004; 이수민, 2005), 사회 · 정서 발달을 증진시켰다는 연구(이경철, 2000; 임영미, 2011; 정미경, 2001; 지옥정, 1996) 등의 결과와 일치한다.

숲유치원이 일반 유치원보다 유아의 사회 · 정서 발달에 효과적이라는 연구들이 많다. 오브리너와 머리(O'Brienr & Murry, 2007)에 따르면 숲유치원의 유아들이 자아존중감, 자신감, 협동능력, 자연환경에 대한 지식과 이해가 증가했다고 밝혔다. 곽노의 외(2010)에 의하면 유아들은 자연과 숲에서 뛰어놀며 스트레스를 해소하고, 실내에서는 제약받았던 운동욕구를 해결하며, 공격성도 줄어들게 되어 정서적 안정감을 느끼게 된다. 또한, 넓은 공간에서 자신의 한계를 넓히고 모험심을 발휘하며 자기 확신과 자기 신뢰감을 형성하게 된다. 그리고 숲에서의 집단 활동을 통해 타인을 존중하는 태도를 배우고 서로 배려하고 협력하는 친사회성이 발달한다고 하였다. 또한, 이명환(2011)에서는 숲유치원에서 교사와 유아 간의 활발한 의사소통을 통해 유아의 사회성이 발달한다고 하였다.

이밖에도 자연체험을 통한 활동들이 유아의 친사회적인 행동 증진에 효과가 있다는 연구들[주5)]을 보면 친사회적 기술인 돌보기, 배려하기, 협동하기에 긍정적인 효과가 나타났다고 밝혔다. 마지막으로 자연을 활용한 숲활동이 유아의 사회 · 정서 발달에 긍정적인 효과가 있음이 입증되었다.[주6)]

따라서 숲유치원교육은 숲에서의 자발적인 행동과 자연에 대한 깊이 있는 몰입과 탐구가 독립적이고 성취감이 높은 유아로 성장시키는 데 유용하다는 것을 의미한다. 유아는 숲에서 자발적이고 자유로운 활동을 통해 독립성을 갖게 되는 동시에 자신에게 일어난 모든 일에 대한 책임이 자신에게 있으며 이를 통해 유아의 자신감과 자존감과 같은 정서능력이 발달한다는 뜻이다.

(4) 숲과 탐구능력 발달

유아는 숲속에서 항상 다양한 생명체를 만나고 발견하며 관찰하기 때문에 자연과의 거리가 한층 가까워진다. 이때 관찰한 대상에 대해 궁금증을 갖고 그 궁금증

주5) 김미정, 2013; 박은정, 2013; 방희영, 2012; 손정민, 2012; 안화자, 2007; 유근종, 2013; 이수민, 2005; 최선미, 2013; 하수진, 2008; 홍진주, 2009.

주6) 임영미, 2011; 최금숙, 2013; 한정숙, 2012; Knight, 2013; Thompson & Thomson, 2007.

을 해결하면서 자연스럽게 탐구과정을 경험할 수 있다. 이러한 탐구과정을 통해 동식물의 생태적 특징을 이해하게 되고, 자연스럽게 사물의 연계성과 통일성, 자연법칙을 터득하게 된다(김은숙, 2010; 이명환, 2007; Helg, 2009; Tschon, 2012).

자연체험을 통한 활동이 유아의 과학탐구능력 향상에 도움을 준다는 연구를 보면 유아가 자연 안에서 다양한 자연물을 관찰하고, 어떤 먹이를 먹는지, 어디에서 사는지, 이 숲에서 어떤 역할을 하는지 등에 대해 자연스러운 물음을 갖게 하며, 그런 물음을 해결하기 위해 다양한 과학과정기술을 활용하게 된다. 그 결과 자연물의 생태적 지식을 습득할 수 있게 되어 결과적으로 과학탐구능력을 발달시켰다고 밝혔다. 따라서 자연물을 활용한 교육이 유아의 과학탐구능력 증진에 도움이 되었다는 것을 알 수 있다.

(5) 숲과 표현능력 발달

유아는 자신이 경험한 것을 몸짓으로 표현하거나 그림을 그리는 것으로 표현한다. 특히, 그림으로 표현한다는 것은 유아에게 가장 주관적이고 보편적인 방법이며(Meyers, 1973), 오감을 통해 경험한 것은 그 특징을 좀 더 세밀하게 나타낼 수 있게 된다(이소은 · 권기남, 2010). 예를 들어 세 명의 유아가 나무를 그린다고 할 때 각자가 그린 나무는 다르다. 특히, 나무와 정서적으로 교감했던 유아는 나무를 그릴 때 좀 더 세밀하게 그 특징을 부각해 표현한다. 집 앞에 사과나무가 있어서 사과 열매를 따 먹은 경험이 있는 유아는 나무를 그릴 때 사과가 주렁주렁 매달린 나무를 그릴 것이고, 나무 오르기를 좋아하는 유아는 나무에 올라가 있는 자신을 포함하여 나무를 그리게 된다. 나뭇잎이 다 떨어진 나무를 관찰한 유아는 앙상한 가지를 갖고 있는 나무를 위해 풍성한 나뭇잎을 그리고는 '따뜻한 나무'라는 제목을 명명하게 된다(Lowenfeld, 1987).

유아의 그리기 활동은 자신의 경험이나 중요한 사건을 언어로 적절하게 표현하지 못할 때마다 그들의 기쁨과 좌절을 함께 나눌 수 있는 친구일 뿐만 아니라 유아의 삶 전체에 없어서는 안 될 중요한 부분이다(이소은 · 권기남, 2010; Lowenfeld,

1987; Meyers, 1973).

징키스(Jenkines, 1980)에 의하면 자연물에는 미술의 형식요소인 선, 색, 모양(형태), 질감 등이 포함되어 있으므로 자연물이 지닌 미적 요소를 발견하고 이러한 것들이 상호 조화를 이루는 것을 찾아봄으로써 유아의 미적 감각을 증진시키며 창의적인 그림으로 표현할 수 있도록 도와준다고 했다(김선월, 2002, 재인용).

따라서 자연물은 다양한 미적 요소를 지닌 자료이며, 유아가 자연물을 보고, 만지고, 듣고, 맛보는 자연 감각 경험은 자신의 느낌을 자유롭고 창의적으로 그리는 표상활동을 확장시키는 활동이 될 수 있음을 나타내는 것이라고 볼 수 있다. 유아는 자연물로 예술활동을 할 때 자연에 대한 심미감이 발달하며(Willson, 2012), 자연을 오감으로 탐색하고 정서적으로 교감하는 등 구체적인 경험이 제공될 때 더욱 풍성한 예술표현이 가능하다(Dewey, 1958; Lowenfeld, 1987; Meyers, 1973).

3 유아를 위한 숲 유치원 교육

1. 숲유치원(유아숲체험원)의 개념

숲유치원이란, 3~6세의 영유아를 대상으로 한 취학 전 교육기관 중 하나이다. 이곳에서는 계절과 날씨에 상관없이 유아가 숲에서 하루를 보내며 자연물을 가지고 놀이하고 또래와 협력하여 문제를 해결하는 활동이 이루어진다. 또한, 숲속에서 오감으로 자연을 체험하고, 자연을 교육재료로 삼아 자유롭게 놀이하며, 자연을 탐구하고 배우고, 이를 통해 영유아의 전인적 성장과 발달을 돕는 교육공간을 말한다(곽노의 외, 2010; 이명환, 2007; Knight, 2011; Robertson, 2008). 다시 말하면 숲유치원이란, 유치원 건물이라는 물리적 공간이 아니라 숲이라는 자연적 공간에서 비나 눈과 같은 날씨에 상관없이 땅바닥이나 쓰러진 나무 위에 앉거나, 야외에서 밥과 간식을 먹으며 이야기를 나누고, 흙, 돌멩이, 나뭇잎, 꽃, 풀, 샘물이나 빗물 등을 가지고 자유놀이를 하는 지붕 없는 교육기관이라 할 수 있다.

이러한 숲유치원은 주로 독일, 스위스, 스웨덴 등 유럽에서 운영되고 있다. 그러나 우리나라에는 아직 숲유치원이라는 교육제도가 없기 때문에 「산림교육의 활성화에 관한 법률」 제12조에 준하여 유아숲체험원[9]이라는 용어를 사용하여(산림청, 2011) 운영되고 있다.

국내의 유아숲체험원 유형은 산림청에서 운영하는 국립유아숲체험원, 지방자치단체(서울특별시, 부산광역시, 세종특별자치시) 유아숲체험원, 매일형 숲반, 개인이나 기업이 운영하는 유아숲체험원으로 구분되어 있다.

이러한 유아숲체험원은 참여 유형에 따라 매일형 유아숲체험원과 체험형 유아숲체험원으로 나뉜다. 매일형 유아숲체험원(숲유치원)은 유아들이 매일 유아숲체험원에서 숲활동을 하는 것을 가리킨다. 체험형 유아숲체험원(숲유치원)은 유아교육기관에 속한 영유아가 주 3회~월 1회까지 정기적으로 숲을 방문하며 오감각을 통해 숲을 경험하고, 다양한 동식물의 특징, 관계 등을 이해할 수 있도록 제공되는 교육유형에 해당한다. 매일형과 체험형의 구체적인 사례는 국내 사례를 중심으로 좀 더 자세히 살펴보겠다.

2. 숲유치원의 역사

숲유치원의 역사는 1892년 스웨덴에서 일어난 자연친화운동에서 그 근원을 찾을 수 있다(곽노의, 2011; 장희정, 2010; 이명환, 2007; Knight, 2013). 환경오염에 대

9) 우리나라의 '유아숲체험원'은 유럽에서 활성화되고 있는 숲유치원의 개념과 목적, 철학을 반영하여 운영하고 있다. 따라서 이 글에서 외국의 이론을 소개할 때는 숲유치원이라 하고, 우리나라의 교육제도를 설명할 때는 '유아숲체험원'으로 구분하여 사용하겠다.

한 심각성을 경고하고 자연을 보호하자는 이념을 적용한 덴마크의 엘라 훌라타우(Ella Flatau) 여사는 1950년 자신의 아이와 이웃 아이들을 데리고 함께 숲에 다니면서 자연체험교육을 시도하였다. 이것이 숲유치원 교육과정에 해당되며, 또한 최초의 부모주도형 숲유치원의 개원이라 할 수 있다. 이후 우워줄라 수베(Ursula Sube) 여사가 독일 헤센(Hessen) 주 비스바덴(Wiesbaden) 시에 있는 숲에서 숲산책 그룹을 설립한 이후 1998년까지 30년 동안 숲산책 그룹을 운영하였다. 그러나 수베 여사는 덴마크의 부모주도형 숲유치원의 영향을 받지는 않았다고 한다(Bickel, 2000).

스웨덴에서는 첫 번째 숲유치원이 1985년에 리닝외(Liningö) 섬에서 개원되었고, 이후 현재까지 숲유치원은 15%로 성장하였다(Miklitz, 2004). 스위스에서는 취리히에서 숲유치원 운동이 시작되어 '숲자연놀이 그룹'이라는 명칭으로 설립되면서 점차 확대되어 가고 있다. 스위스 최초의 숲유치원은 1998년에 세워진 브뤼텐(Brütten)과 샹크트 갈렌(Sankt. Gallen)숲유치원이며, 2007년 이후 10곳의 숲유치원이 추가로 개원되었는데, 모두 비인가 숲유치원이다.

독일에서는 1980년대 이후 숲산책 그룹의 교육효과가 알려지고 유아교육 담당자와 인접 관련 협조부서인 산림청, 환경청, 토지청, 건설청, 보건소 등에 종사하는 전문가들이 숲산책 그룹에 대한 인식을 바꾸면서 수베 여사의 숲산책 그룹은 정식 교육기관으로 인정받았다(Schede, 2000). 그리고 1993년 독일 최초의 정식 인가 기관인 플렌스부르그(Flensburg) 숲유치원이 개원되었다. 이 유치원 설립자인 페트라 예거(Petra Jäger)와 케르스타인 옙센(Kerstein Jebsen)은 덴마크의 숲유치원을 수차례 방문하여 현장을 연구하였고, 2년간의 연구와 준비를 거쳐 공공법인 주체로 설립하였다. 독일의 숲유치원이 정식 교육기관으로 인정되자, 숲유치원 수가 급격하게 증가하여 2002년에 74개소, 2007년에 500개소, 2011년에는 1,000개소가 개원되었다. 이후 숲유치원 교육제도는 영국, 미국, 일본, 한국 등 세계 여러 나라로 확산되고 있다.

3. 숲유치원의 교육내용

숲유치원의 교육목적은 유아기 때부터 자연스럽게 인간과 자연의 조화로운 관계를 알게 하며, 유아의 신체와 정신을 전인적으로 성장 · 발달시키는 데 있다. 또한, 무엇보다도 자연 속에서 놀이를 중심으로 자연체험활동을 통해 유아의 전인적 성장을 돕는 데 있다(Schede, 2000; 이명환, 2007, 재인용).

숲유치원의 교육이념은 자연교육이며, 유아의 발달 정도에 따라 개별학습이 이루어진다. 숲유치원에서 진행되는 그룹활동과 혼합연령의 학습을 통해 유아는 사회성을 기르고 타인에 대한 이해와 배려심을 기를 수 있다(Helg, 2009). 또한, 숲과 친화적인 활동 결과 유아는 비폭력, 평등사상, 성역할 등 인간 생활에 필요한 인성을 배우게 된다(Münder, 1993; 이명환, 2007, 재인용).

숲유치원의 교육주제는 기념일, 명절, 생일 등 아이들이 흔히 접할 수 있는 일상생활 속에서 찾고 교육행정 당국이 설정한 교육계획안과 학습지도안을 따라 교육과정을 구성하기도 한다(Helg, 2009). 또한, 유아가 숲에서 쉽게 볼 수 있는 자연물(생물과 무생물)을 주제로 선정하여 생태적인 특징이나 인간과의 관계를 이해할 수 있는 교육 기회를(김은숙, 2010) 제공해 준다.

숲유치원의 교육내용을 살펴보면 다음과 같다(이명환, 2007).

첫째, 인류의 생존을 위해 인간과 자연의 관계를 깨닫고 자연과 더불어 살아가기 위한 지식과 태도를 숲에서의 생활을 통해 직접적으로 체험하고 획득하는 환경과 체험교육이다(Sandhof, 1998). 이를 위해 자연에 대한 관점을 외적 환경이 아닌 더불어 존재하는 환경으로 인식하고(Neumann, 1999), 유아가 숲에서 다양한 생명체를 만나고 소중히 여기면서 자연스럽게 사물의 연계성과 통일성, 자연법칙을 터득하게 된다(Sandhof, 1998).

둘째, 숲속 활동을 통해 위험과 사고로부터 몸을 보호하고 건강한 삶의 방법과 지혜를 터득하는 건강교육이다(Waldpäp, 1997). 숲에서의 생활은 유아의 몸과 정신을 단련시켜 일반 유치원의 아이들보다 질병에 쉽게 걸리지 않게 되는데, 만약

아프더라도 쉽게 전염되지 않는 경향이 있다고 보았다. 이는 숲유치원의 다양한 자연체험을 통한 동작활동이 신체를 건강하게 만들기 때문이다(Bickel, 2001).

셋째, 유아의 창의성과 상상력을 증가시키는 창의성 교육이 있다(Köllner, 1998). 숲에 있는 다양한 자연물은 유아의 호기심을 자극하고, 또한 숲에서 놀이할 때 사용되는 비구조화된 놀잇감인 자연물은 유아의 창의성을 발달시키기에 충분하다(Helg, 2009).

넷째, 움직임 교육이 있다. 유아는 확 트인 숲에서 달리거나 언덕을 오르고 구르기도 하고 쓰러진 나무를 따라 걸어가는 등 다양한 동작활동을 하게 되며, 이러한 활동은 유아의 운동능력을 발달시킨다. 또한, 새의 깃털을 들어 올리거나 잣나무 잎을 집는 등의 섬세한 동작을 통해 소근육도 발달시킬 수 있다(Sandhof, 1998).

다섯째, 사회성교육과 언어교육이 있다. 숲유치원에서 유아의 사회성과 언어발달이 잘 이루어질 수 있는 이유를 보면 교사와 유아가 숲의 고요함과 평온함 속에서 내면적인 평화와 조화를 얻게 된다는 점이다. 아울러 유아의 움직임 욕구를 충족시켜 주며, 일반 유치원보다 그룹의 크기가 작아 교사와 아동 간의 상호작용 기회가 많아지며, 체험을 통한 숲 규칙을 이해함으로써 규칙의 필요성을 깨닫게 된다. 그리고 그와 같은 행동규범 안에서 단체에 대한 개념이 형성된다. 또한, 또래와 빈번하게 진행되는 대화, 그림책 보기, 동요 부르기, 자연물을 통한 놀이 등은 유아의 언어발달을 촉진시킨다(Bickel, 2001).

여섯째, 감각교육이 있다. 유아는 숲에서 오감각을 통해 나무와 흙, 곤충, 식물과 동물을 만나게 된다. 이때 유아의 본성적 특징인 호기심과 자발적 행동으로 숲의 요소들을 직접 만지고 느껴 보면서 자신의 감각기관을 자극시켜 오감각을 발달시키게 된다.

일곱째, 지적 교육이 있다. 지적 촉진과 지각의 발달은 서로 밀접한 관련이 있으므로, 유아는 민감한 감각을 통해 사물을 구별하고 인지하게 된다(Seitz, 1996). 유아는 숲유치원에서 자연스럽게 동물과 식물의 형태와 색깔, 서식지 등 지적인 요소를 습득하게 되며, 집중력도 향상될 수 있다.

여덟째, 종교교육(영성교육)이 있다. 독일의 교육은 기독교사상이 그 바탕을 이루는데, 유아는 숲유치원 활동을 통해 신이 창조한 자연에 대한 경외심과 감사함을 자연스럽게 습득하게 되고, 사계절의 변화를 통해 자연의 생성과 소멸의 원리를 깨닫게 된다.

독일에서 숲유치원이 각광을 받는 이유는 숲유치원이 일반 유치원에서 경험하지 못하는 점들이 있기 때문이다. 넓은 공간에서 자유롭게 움직이고 자연과 교감하며 몸과 마음이 건강해질 수 있기 때문이다. 이에 대해 앤더슨(Andersen, 1996; 이명환, 2007, 재인용)은 숲유치원의 장점을 다음과 같이 설명하였다.

- 자유롭게 움직이고, 마음껏 뛰어놀며 흥미롭고 박진감 넘치는 교육장소이다.
- 유아의 육체적 · 정신적 건강을 위한 휴양 환경이다.
- 맑은 공기와 숲의 생활은 유아의 면역력을 증가시킨다.
- 지적, 사회 · 정서적, 인지적, 신체적 발달을 가능하게 하는 공간이다.
- 유아의 공격성과 스트레스를 감소시킨다.
- 유아의 탐구심과 호기심을 자극하고 직관력과 상상력을 풍성하게 부여하며 조형능력을 발달시킨다.

그러나 숲유치원은 숲속에서 이루어지는 활동이 많기 때문에 악천후나 독성식물, 벌, 진드기 등의 위험 요인에 대한 대처방안을 우선적으로 마련해야 한다. 또한, 숲유치원의 교사와 부모는 숲유치원의 교육이념에 대해 확고한 신념을 갖고 다양한 문제점을 슬기롭게 대처하고 극복하는 자세를 지녀야 한다(이명환, 2007).

4. 국내 유아숲체험원 현황

우리나라는 유아숲유치원에 많은 관심이 있으며, 산림청에서는 2008년 '생애주기별 산림복지'의 일환으로 유아기 대상 숲유치원 프로그램 운영을 구현하기 위해 선진지의 숲유치원 사례를 조사하였다(산림청, 2011). 이후 숲유치원 국제세미나를 통해 선진지의 사례를 4회에 걸쳐 국내에 소개하였다. 그 사이 유아교육기관과 협력체계를 구축하기 위해 2010년 (사)숲유치원협회가 발족되었고, 전국에 16개 지회가 개설되었다.

'생애주기별 산림복지'란, 출생부터 사망까지 숲을 통해 휴양 · 문화 · 보건 · 교육 등의 다양한 혜택을 국민에게 제공하기 위한 중장기 산림복지정책을 말한다. 그중 유아기의 '양육활동지원'이라는 산림복지정책은 도시 인근, 접근성, 자연환경을 고려하여 유아숲체험원을 조성 · 운영하고, 유아숲체험교육을 개발 · 제공하며, 유아를 위한 산림교육전문가인 유아숲지도사를 양성하는 것을 의미한다(전권범, 2012).

이를 위해 산림청에서는 「산림교육의 활성화에 관한 법률」을 제정하고(2011년 7월 25일) 유아숲체험원이라는 용어를 사용하였다. 유아숲체험원이란, "유아가 산림의 다양한 기능을 체험함으로써 정서를 함양하고 전인적 성장을 할 수 있도록 지도 · 교육하는 시설"(제12조)을 의미한다.

정부 및 지방자치단체가 조성한 유아숲체험원은 2022년 12월 기준으로 전국에 426개소이고, 지역별 등록현황은 <그림 5>와 같다. 2012년 7개소 조성을 시작으로 해마다 전국에 유아숲체험원 조성을 늘려 나갔다. 2015년부터는 지방자치단체의 활발한 참여로 공립 유아숲체험원의 등록 개소 수가 증가하였다. 2022년 기준 330개소로, 이는 국립 80개소, 민간(사립) 16개소와 비교하면 지방자치단체들의 활발한 참여를 알 수 있다.

세종특별자치시 교육청과 행복중심복합도시건설청(행복청)의 업무협약으로 2019년 국내 최초의 공립 단설 솔빛숲유치원을 개원하였다. 이 유치원은 세종시 반곡동 180-1번지에 있으며, 대지면적 4,869제곱미터, 유역면적 2,753제곱미터, 9개 학급으로 구성되었다. 그 주변에 괴화산유아숲체험원이 조성되어 있어서 유치원의 아이들은 유아숲체험원과 유치원 마당에서 매일 숲체험을 하고 있다.

2015년부터는 민간도 유아숲체험원 조성 및 등록에 참여하였는데, 2022년 기준으로 전국에 16개소가 조성되어 있다. 서울시 서초구 방배동 소재의 백석예술대학교는 2021년 1월에 대학 최초로 유아숲체험원을 조성하고 등록하였다. 이 부분은 국내 사례에서 좀 더 자세히 다루겠다.

2015년부터는 유아숲체험원 운영을 민간위탁으로 시행하고 있다. 유아숲체험장 위탁신청 자격은 산림복지전문업(숲해설가, 산림치유사, 유아숲지도사, 숲길지도사)에 등록된 사회적 기업이나 사회적 협동조합, 산림교육을 목적으로 설립된 법인, 단체, 유아숲지도사 양성기관, 산림분야 전공학과가 개설된 대학 등이며, 자세한 내용은 산림청 사이트(http://www.forest.go.kr)의 공지사항을 살펴보거나 산림청 산림교육문화과(042-481-4216)에 문의하면 된다.

전국 유아숲체험원 현황(2022년 12월 말 기준)

■ **연도별 현황**

(단위: 개소)

2012(7)			2013(5)			2014(10)			2015(35)			2016(47)			2017(35)			2018(29)			2019(101)			2020(65)			2021(54)			2022(38)		
국	공	사	국	공	사	국	공	사	국	공	사	국	공	사	국	공	사	국	공	사	국	공	사	국	공	사	국	공	사	국	공	사
5	2		5			8	2		9	23	3	9	38		9	26		6	23		7	89	5	9	52	4	3	39	2	10	26	2

■ **권역별 현황**

수도권(180개소)			강원권(41개소)			충청권(59개소)			전라권(57개소)			경상권(82개소)			제주권(7개소)			계
국	공	사	국	공	사	국	공	사	국	공	사	국	공	사	국	공	사	426
12	164	4	24	15	2	14	42	3	10	44	3	18	60	4	1	6	0	

그림 5 전국 유아숲체험원 등록 현황

출처: 산림청(2022). 유아숲체험원 등록현황. p.1

5. 숲유치원의 국내외 사례

1) 국외 사례

숲유치원 관련 국외 사례는 필자가 직접 방문하여 참관했던 독일의 트롤숲유치원과 스위스의 타타투크숲유치원[10)]의 교육과정, 프로그램 운영 내용, 교사의 역할 등 교육과정 전반에 대한 내용을 소개하겠다.

트롤(Trolle)숲유치원

트롤숲유치원은 독일 남서부 바덴뷔르템베르그(BadenWürttemberg) 주 프라이브루크(Freiburg) 시에 있는 시 소유의 공원 내에 위치하고 있다. 이 유치원은 학부모들이 협회를 조직하여 1997년 설립했으며, 매년 선출된 5명의 학부모 대표와 3명의 교사가 중심이 되어 운영하고 있다. 트롤숲유치원은 만 3~5세 혼합연령의 유아 20명이 한 학급 인원이다. 유아들의 활동에 따라 교사들이 소집단으로 나뉘어 각자 진행하거나, 다 함께 모여 대집단 활동을 한다.

이 유치원의 교육목적은 직접 경험을 통해 숲과 조화를 이루는 것이다. 교육특징은 사계절을 느끼고, 인위적인 장난감은 멀리하며, 자유놀이를 우선으로 제공하는 것이다. 교육목표는 '자연에 대한 사랑을 일깨우기', '유아의 자립성, 책임감, 자아의식, 갈등해소능력을 증진시키기', '전인발달을 돕기' 등이다.

숲유치원 운영 시간은 월요일부터 목요일까지는 8시부터 14시까지, 금요일은 8시 15분부터 12시 45분까지이다. 하루일과는 아침 모임, 놀이장소로 이동하기, 함께 아침 먹기, 자유놀이, 대집단 활동, 대피소로 돌아오기, 귀가 등이다. 유아들이

10) 필자는 2011년 1월 22일~1월 30일까지 8박 9일 동안 독일과 스위스의 숲유치원 6개소를 방문할 기회가 있었다. 그 당시에는 SK임업(주)의 수페아이숲유치원에 소속되어 있었으므로 현장방문 결과를 바탕으로 실제 숲체험교육 프로그램 개발에 적용하고 운영할 수 있었다. 이 글에 소개하는 사진 자료는 필자가 그 당시에 촬영한 것이다.

이용하는 숲에는 특별한 시설 없이 나무토막들이 쌓여 있거나 편평한 돌덩이 위에 소꿉놀이용 그릇이 몇 개 올려 있다. 나무와 나무 사이에는 밧줄이 걸려 있고 아이들은 줄에 매달리거나 줄을 타고 나무와 나무 사이를 이동한다.

트롤숲유치원 입구에는 나무로 만든 작고 아담한 대피소(<사진 1, 2> 참조) 가 있는데, 이곳은 유아들이 아침과 점심을 먹을 때 이용한다. 또한, 유아들을 위한 보조교재나 연장, 도구, 도서, 유아의 여벌 옷 등을 보관하는 장소로도 활용되고 있다. 오전 숲활동이 끝난 후 유아들은 옷을 벗고 교사들이 만든 점심식사를 하기 위해 대피소로 들어왔다(<사진 3> 참조). 유아들은 손을 닦고 함께 점심 준비를 하였다. 이후 다시 숲으로 들어가 놀이활동을 계속 진행하였다.

필자가 이 유치원을 방문한 날에 한 유아의 생일잔치가 음악극처럼 진행되고 있었다. 교사는 먼저 생일을 맞은 유아에게 왕관을 씌워 주고, 노란 보자기를 걸쳐 주며 마법에 걸린 공주를 구출할 유아들을 선출한 후 찾아가도록 했다. 이때 교사는 여러 악기(피리, 작은 북 등)를 연주하며 축하 분위기를 조성해 주었다. 숲유치원에서 진행된 이 활동은 필자에게 신선하게 다가왔다. 야외에서 생일잔치를 하는 것도 흥미로웠지만 생일을 맞이한 유아가 주인공이 되어 즉석에서 음악극을 진행하는 점에 더 매료되었다. 특히, 산새 소리가 가득하고 차분한 자연이라는 무대 위에서 펼쳐지는 음악극활동은 감동적인 몰입의 시간이 되었다. 이 음악극은 생일이 있을 때마다 같은 줄거리로 진행된다. 그때마다 주인공은 생일을 맞은 유아이고, 주인공을 구출하는 기사들은 주인공 유아 중 친한 친구들이 선정된다.

일반적으로 교실에서 음악극을 진행하려면 교사는 배경, 소품, 음향 등 사전에 많은 준비물을 준비해야 하는 번거로움이 있다. 그런데 숲에서는 보자기와 왕관, 그리고 몇 개의 악기만 있어도 드라마틱하게 연출할 수 있고, 유아들도 진지하게 몰입하여 참여할 수 있는 장점이 있다. 즉, 숲 자체가 좋은 소품이고, 공간적 배경이 되므로 여기에 간단히 흥을 돋을 수 있는 장치를 추가하면 된다.

이런 점이 교실이라는 실내 교육 공간보다는 숲이라는 실외 교육 공간이 중요하게 부각되고 있는 것이다. 말하자면 교사와 부모들이 조금만 고민하면 이러한 활동들은 적용이 가능하고, 교육방법도 더욱 풍성해질 것이다.

사진 1 바우바겐(대피소)

사진 2 대피소 내부

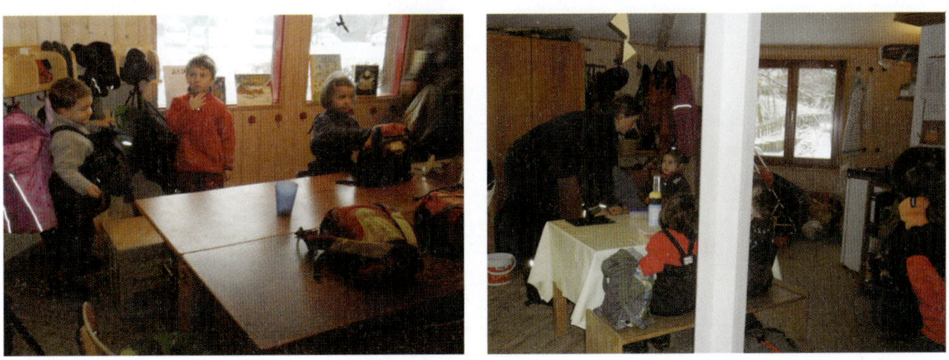

사진 3 대피소의 생활

사진 4 생일잔치와 음악극 장면

사진 5 생일잔치와 음악극을 위한 소품

사진 6 음악극을 진행하는 교사와 유아들

타타투크(Tatatuk)숲유치원

타타투크(Tatatuk)숲유치원[11]은 스위스 링엔베르그(Ringgenberg)에 있는 발도르프 숲유치원이다. 이 유치원 구성 인원을 보면 원장 1명, 교사 2명, 보조교사 1명, 실습교사 1명 등 5명의 인원이 만 3~7세의 유아 21명을 담당하고 있다.

이 유치원은 숲 주변에 대피소가 전혀 없는 비인가 사설 교육기관이며, 교육방침을 소개하면 다음과 같다(Tschon, 2012).

첫째, 자연 변화 과정에 대한 심도 있는 체험 속에서 아이다움을 누리고, 놀며, 성장할 수 있도록 돕는다.

둘째, 완전한 인간으로 새롭게 거듭날 수 있도록 유아가 재능과 새로움을 적극적으로 표출할 수 있는 전개 공간, 놀이 공간, 학습 공간 등을 마련한다.

셋째, 서로에 대한 관심은 물론 자연과 교감을 통해 사회적 능력을 발달시키고 개인차를 고려한 교육을 제공한다.

넷째, 일관성 있게 매일, 매주, 한 해의 일정을 통해 유아의 안정감, 신뢰감, 소재식(시간의 관계를 바르게 인식하는 정신작용) 등을 증진시킨다.

이 숲유치원의 하루일과[12]를 살펴보면 유아들의 숲체험 교육내용이 풍부하고 유아들의 전인성장과 발달을 도와주기 위하여 인지, 언어, 사회, 수 · 과학, 미술, 음악 활동이 골고루 제공되고 있음을 알 수 있다(<표 2> 참조).

11) 타타투크숲유치원은 발도르프교육 프로그램을 적용하여 운영하는 유아교육기관이다. 발도르프교육은 오스트리아의 루돌프 슈타이너가 자신의 인지학을 기초로 발도르프학교를 설립하면서 시작되었다. 발도르프교육은 인간의 몸과 영혼과 정신의 조화로운 성장을 목적으로 하고, 조각과 회화, 음악과 시, 오이트리미(동작예술)의 예술교육과 스토리텔링을 교육내용으로 구성하고 있다.

12) 하루일과는 「아동기의 자연체험–삶을 위한 영감: 숲유치원에서의 발도르프 교육학」, Tschon(2012), 『숲유치원 국제세미나 학술집』(2012: 101-105)을 참고하였다.

타타투크숲유치원의 유아들은 월요일, 수요일, 목요일 3일은 숲에서 반나절을 보내고, 화요일과 금요일은 16시 30분까지 종일 숲에서 보내는 등 요일별로 숲체험 프로그램 시간이 다르다. 이와 같이 이곳의 운영 시간이 요일별로 다른 것은 맞벌이 부모의 근로시간을 고려하여 연장수업이 이루어지기 때문이다.

표 2 타타쿠크숲유치원의 하루일과

시간	일과	내용
8:10~8:30	등원	교사들과 부모, 유아들이 마을 입구에서 만나기 (인사, 소그룹 및 대열별 놀이)
8:30~8:50	숲으로 이동	숲으로 이동하며 자연 재료 모으기, 놀이 계획하기, 프로젝트 준비사항 점검, 교사-유아의 개별 대화하기
8:50~10:00	자유놀이 및 프로젝트 수업	유아들이 스스로 선택한 주제에 맞춰 장기적인 프로젝트 활동 진행하기
10:00~10:25	율동, 언어, 음악활동	숲, 인간의 삶, 동물, 계절, 연중 축제와 관련된 내용의 대집단 활동 진행하기
10:25~10:50	화장실 가기, 손 씻기, 간식 먹기	기본생활 습관을 지도하는 시간
10:50~11:25	작품 만들기 놀이	다양한 도구(톱, 칼, 송곳, 망치 등)를 사용한 작품 만들기
11:25~11:45	동화, 이야기, 인형극, 연극	유아들의 흥미와 욕구, 계절별 이야기 등 다양한 내용의 동화를 들려주거나 몇몇 유아와 함께 인형극, 연극을 통해 표현해 보기
12:00~	귀가	교사와 유아가 함께 뒷정리를 한 후 모두 마을 입구로 내려오기, 부모들과 인사 후 교사들도 퇴근하기 (매주 화요일과 금요일은 16:30까지 연장 수업을 하며, 숲에서 점심을 먹고 프로젝트 수업, 작은 탐험, 산책 등의 시간 보내기

티타투크숲유치원은 개인 소유의 경사진 산에 위치하고 있다. 그곳에는 특별한 건물이 없이 나뭇가지를 원형으로 쌓아 올린 곳에 나무 의자와 나무 식탁이 동그랗게 놓인 공간이 설치되어 있었다. 원 밖으로 삐죽 나온 나뭇가지에는 가방을 걸어 놓는다(<사진 10> 참조). 이곳에는 유아용 사물함이나 변변한 부엌이 없다. 다

만 요리를 할 수 있도록 돌멩이를 쌓아서 간이 부엌을 만든 후(<사진 13> 참조), 장작으로 불을 지펴서 유아들의 간식과 점심을 만들어 준다. 유아들은 나뭇가지로 만든 공간에서 간식을 먹고, 이야기 나누기, 동화 듣기, 모임활동 등 대집단 활동을 한다(<사진 8, 9> 참조).

타타투크숲유치원에는 상품화된 장난감은 하나도 없었고, 폐품 처리된 주방용 그릇과 다양한 자연물(나무토막, 돌멩이, 열매)과 연장(톱, 망치, 칼, 송곳)이 정리함에 보관되어 있어서 유아들이 원할 때는 언제든지 자유롭게 꺼내 사용할 수 있다. 이곳은 경사가 매우 심한 산으로 둘러싸여 있는데도 불구하고 자유놀이 시간에 유아들은 친구들과 함께 경사진 비탈길을 올라가고 그 사면을 미끄럼을 타며 내려오는 등 놀이에 적극적으로 참여했다.

숲유치원장인 마리엔 첸(Marianne Tschon, 2011)은 숲유치원을 운영하는 9년 동안 한 번도 사고가 발생하지 않았다고 하며, 자연에서 활동하는 유아들은 스스로 자신을 보호하고 방어할 수 있는 능력이 생성된다고 말했다.

사진 7 타타투크숲유치원의 전경

사진 8 대집단 활동 장소– 간식, 식사, 이야기 나누기, 동화 듣기

사진 9 대집단 활동 장소 내부

사진 10 가방걸이대

사진 11 소모임을 위한 장소 1, 2

사진 12 창고와 숲속 화장실

사진 13 식품 보관 탁자와 숲에 설치된 부엌

사진 14 소꿉영역과 놀잇감

2) 국내 사례

우리나라 유아교육기관에서는 자연을 관찰하거나 자연물을 기르는 등 자연친화적인 프로그램을 교육과정에 반영하여 운영해 왔다. 특히, 2008년 이후에는 외국의 숲유치원제도가 알려지면서 국내 교육기관에 따라 유럽의 숲유치원에 해당하는 '유아숲체험원'을 운영하고 있으며, 대학의 유아교육 관련 학과에서도 숲유치원에 적용할 수 있는 교육과정을 개설하여 운영하고 있다. 여기서는 기업이 운영했던 숲체험장과 대학이 운영하는 유아숲체험원의 사례를 통해 운영과정 전반을 살펴보겠다.

체험형 유아숲체험원(수페아이숲학교)

SK임업(주)은 산림의 자연성과 입지적 특성을 보존하고 복합 산림경영의 일환으로 영유아 및 가족, 교사들에게 양질의 유아숲체험교육 제공을 위해 2010년 11월 1일 강원특별자치도 횡성군 우천면 하궁리에 사설 숲학교를 개설하였다.[13)]

시설 규모를 보면 81,046제곱미터(24,000평)에 사무실 1개소, 연수동 1개소, 대피소 2개소, 이동식 화장실 1개소의 건물이 들어서 있다. 또한, 자연놀이터, 나무로 만든 조형물 등 유아의 눈높이에 맞춘 자연친화적 공간이 조성되어 있다.

수페아이숲학교의 교육목적은 첫째, 놀이를 통해 동식물에 대해 이해하기, 둘째, 숲에서의 활동을 통해 자연과 인간관계 이해하기, 셋째, 자연과 더불어 살아가는 삶 배우기에 두었다.

13) 이 유아숲체험원은 강원도청에서 삼림욕장 조성계획으로 허가를 받아 운영했다. 수페아이는 체험형 교육기관으로 인근 유아교육기관, 방문 유아교육기관 등 숲유치원에 관심이 있는 지방자치단체와 학부모, 교사, 원감들의 모델로도 손색이 없었다. 국내 사례로 소개하는 내용은 필자가(2010년 11월 1일~2013년 12월 31일) 수페아이숲학교를 개원하고, 프로그램을 개발하고 추진해 보면서 얻은 결과물이다. 아쉽게도 현재 이 기관은 운영되고 있지 않다.

유아숲체험교육 프로그램은 계절별로 관찰할 수 있는 자연물을 중심으로 하면서, 국가 수준의 교육과정을 반영하여 자연체험, 게임, 자연 관찰하기, 예술활동하기 등을 통합함으로써 자연친화교육을 지향하고 있다. 이와 같이 구성한 것은 기존의 숲체험교육 프로그램이 유아의 발달 수준에 적합하지 않고, 하루 체험 과정에 전혀 관계없는 활동이 있는 것을 고려하여 보완한 것이다. 이외에도 가족이 함께 숲에서 체험하는 가족숲체험 프로그램, 예비교사와 경력교사를 위한 숲체험교육도 운영하였다.

유아숲체험교육의 연간 계획은 월별로 숲에서 쉽게 접할 수 있는 자연물을 주제로 하였으며, 숲에서 뛰어노는 숲놀이와 계절별 동식물을 관찰하고, 서식지와 생태적 특징을 이해하는 활동으로 짜였다(<표 3> 참조).

표 3 수페아이숲학교 유아숲체험교육 연간 계획

구분	월	주제	세부교육 프로그램	
탄생숲	3	숲과 만나요	• 숲에 인사하기	• 수페아이 돌아보기
	4	초록색을 찾아라!	• 봄꽃, 새싹 관찰하기	• 나무 나무 바꿔라
	5	올챙이와 개구리	• 올챙이 꼬리잡기	• 올챙이 관찰하기
열정숲	6	곤충아 놀자!	• 거미처럼 움직여요	• 곤충 관찰하기
	7	물! 물! 물놀이	• 물총새 놀이	• 연못 관찰하기
	8	계곡탐험	• 수서생물 관찰하기	• 첨벙첨벙 물놀이
모험숲	9	나무야 놀자!	• 나무와 교감하기	• 나뭇가지 구성놀이
	10	숲의 색과 열매	• 나뭇잎 가위바위보	• 열매 짝꿍 찾기
상상숲	11	보물의 숲	• 솔씨의 여행	• 보물찾기
	12	겨울나기	• 신나는 눈놀이	• 겨울 숲 산책

숲속 놀이터 전경

숲속 놀이터 입구

나무자전거

잔디마당

거인의자와 바람의 아이

거미미로

소리나라

대형 칠판

밤톨집(대피소)

나무 조형물 1

숲 입구

나무 조형물 2

버섯요리터

솔방울공방 내부

잠자리못

솔방울공방(대피소)

숲속 화장실

숲속 교실 앞

숲속 교실 옆

숲속 교실 내부

사진 15 수페아이숲학교 공간구성도

수페아이숲학교에 오는 유아들의 하루일과는 반일 체험과 종일 체험으로 구분하여 진행되었다. 반일 체험의 경우 10시부터 12시까지 주제에 따른 자연교감활동, 자연놀이, 탐구활동이 진행된다. 종일 체험인 경우는 10시부터 14시까지 주제에 따른 자연교감, 자연놀이, 탐구활동, 생태미술활동이 이루어지고, 불을 이용해 고구마, 군밤, 밀가루떡 등을 직접 구워 먹는 활동도 진행된다. 수페아이숲학교가 운영되면서 관련 기관과 지방자치단체의 관심이 높아졌고, 견학 사례도 빈번했다. 또한, 정기적인 방문 체험활동도 진행되었다.

이 숲학교의 운영 내용을 보면, 2010년 11월 1일부터 2013년 12월까지 3년 2개월간 강원 지역의 42개 유아교육기관과 업무 협약을 맺어서 월 1회의 정기적인 유아숲체험교육을 해마다 제공하였다. 이외에도 대학 유아교육 관련 학과 학생들과 현직교사들에게 유아를 위한 숲체험 프로그램을 보급하였다. 또한, 가족들이 숲에서 하나가 될 수 있는 가족숲체험 프로그램도 제공하여 참가자들에게 숲체험교육의 중요성을 인식시키는 계기가 되었다.

특히, 수페아이에 유아의 눈높이에 맞춘 조형물과 시설물을 설치한 결과 서울특별시, 경기도 시흥시 · 용인시, 경상북도 봉화군, 충청북도 제천시 등 여러 지방자치단체에서 현장을 방문하는 등 유아숲체험장 조성에 필요한 사례 기관으로 알려졌다. 이 기관들은 주로 자연친화적인 조성 · 설계, 유아숲체험원 운영 등에 관심이 많았는데, 필자는 서울시 유아숲체험원 조성 설계에도 참여하였다.

백석예술대학교 부설 백석유아숲체험원

서울시 서초구 방배동에 위치한 백석예술대학교[14]는 2021년 1월에 학교 부지인 산 84-1, 산 84-23을 유아숲체험원으로 조성하고 등록하였다. 대학 부설 체험원으로는 최초로 등록된 곳이며, 10,591제곱미터 규모로, 야외체험학습장, 대피소, 화장실, 안전휴게시설이 설치되어 있다. 백석유아숲체험원의 공간구성은 <사진 16>과 같다. 백석예술대학교 백석유아숲체험원은 유아교육과 재학생들의 생태적 감수성과 생태적 소양, 자연친화교수역량을 증진하기 위해 특별한 교육과정을 운영하는 교육의 장이다.

1학기에 운영되는 '유아와 자연놀이'는 사계절 자연의 특징을 이해하고, 다양한 자연 소재를 활용한 자연놀이를 경험하며 예비교사의 자연놀이 본능을 일깨우고 생태적 감수성을 기르는 교과목이다. 2학기에 운영되는 '유아숲체험교육'은 유아숲체험교육의 필요성과 교사의 역할, 숲체험교육에 필요한 안전지도, 동식물을 주제로 한 유아숲체험교육의 실제를 다양하게 경험하며 유아의 연령과 발달수준에 적합한 유아숲체험교육을 계획하여 적용하는 능력을 함양하는 교과목이다. 두 개의 교과목은 백석유아숲체험원에서 현장 탐방 수업으로 진행되며, 야외 발표수업도 자연에서 실시하여 예비교사의 현장 경험을 높이는 데 기여하고 있다.

유아숲체험원은 지역 내 유아를 대상으로 정기적인 숲체험교육을 제공하여 유아의 생태적 감수성 개발을 돕고 있다. 유아숲체험 연간계획은 <표 4>와 같으며, 계절별로 볼 수 있는 동식물을 주제로 선정하고, 동적인 숲놀이, 관찰놀이, 표현놀이가 계획되었다. 숲을 방문한 유아들은 주제와 관련된 활동을 경험하고, 그날 관심사에 따라 활동을 변형하거나 전혀 다른 자유숲놀이를 한다. 체험원의 교사들은 유아의 흥미에 따라 계획된 활동을 수정 · 보완 · 변경할 수 있도록 유연하게 운영하고 있다.

---

14) 백석유아숲체험원 사이트는 https://www.bau.ac.kr/bauforest/index.do이며, 문의처는 02)520-0632를 참고하면 된다.

잔디밭: 모임 및 전이활동공간

대피소

숲속의 배: 모래놀이터

자람의 숲: 대근육공간

탐색의 숲: 자연물수집공간

만남의 숲: 관찰놀이공간

나무놀이터: 나무블록놀이공간

발견의 숲: 야생화 관찰

사진 16 백석유아숲체험원 공간구성

표 4 유아숲체험교육 프로그램 연간계획

월/주제	활동	월/주제	활동
4월 향기로운 봄꽃	• 진달래와 철쭉 • 봄꽃 관찰하기 • 꽃잎 드레스 만들기	9월 어른이 된 곤충	• 곤충을 찾아라 • 곤충의 한살이 • 자연물로 곤충 꾸미기
5월 벚나무와 소나무	• 솔잎과 솔방울놀이 • 벚나무와 소나무꽃 관찰하기 • 나무 만들기	10월 울긋불긋 단풍	• 단풍폭죽놀이 • 단풍잎과 초록잎 비교하기 • 단풍잎으로 꾸미기
6월 지렁이야 놀자	• 지렁이가 꿈틀꿈틀 • 지렁이를 찾아라 • 물 지렁이 만들기	11월 열매와 씨앗	• 열매 짝꿍 찾기 • 열매의 이동전략 • 열매로 만들기
7월 여름 나뭇잎	• 나뭇잎 뒤집기 • 나뭇잎 모양 찾기 • 나뭇잎 방향제 만들기	12월 겨울 준비	• 겨울눈을 찾아라! • 납작 로제트놀이 • 겨울눈 액자 만들기

백석유아숲체험원은 오전체험(10:00~11:30)과 오후체험(13:00~14:30)으로 나뉘며, 몸풀기와 숲산책 20분, 자연주제와 관련된 활동 40분, 자유숲놀이 30분으로 운영된다. 몸풀기는 근육을 이완하여 숲에서 뛰거나 이동할 때 안전사고를 최소화하기 위한 방법이며, 숲산책은 숲의 변화를 오감각으로 느끼고 발견하는 시간이다.

주제와 관련된 활동은 동적인 숲놀이, 관찰놀이, 표현놀이 등 3가지로 계획하고 준비하지만, 유아의 컨디션과 흥미에 따라 축소할 수 있다. 이후 원하는 장소에서 자유숲놀이를 하는데, 이때 숲교사와 담임교사는 개입을 최소화하여 아이들의 자발적인 놀이가 더욱 풍성해질 수 있도록 지도한다.

PART II

유아숲체험교육의 실제

대다수의 교사는 유아숲체험교육 프로그램을 계획할 때 무엇을 어떻게 구성해야 하는지에 대한 고민이 많고, 이를 추진하는 것도 어려워한다. 그래서 유아와 숲으로 들어가면 유아가 자유롭게 다양한 자연물을 가지고 놀이하도록 놔두는 경향이 있다. 그런데 유아가 단순히 자연물을 가지고 놀이를 하게 되면 소꿉놀이, 신체활동 정도로 그칠 수 있기 때문에 자연에 대한 지식과 태도를 기르기는 어려울 수 있다.

이에 필자는 유아들의 숲에 대한 지식 · 태도 · 기술 증진을 고려한 체계적인 유아숲체험교육 프로그램을 개발하였다. 더불어 문헌 고찰을 통해 유아숲체험교육 프로그램의 교육내용에 적합한 자연물 주제 선정의 기준을 마련하였다. 유아숲체험교육 프로그램의 교육내용에 적합한 자연물 주제 선정 기준은 다음과 같다.

표 5 자연물 주제 선정 기준

유아숲체험교육 프로그램의 교육내용에 적합한 자연물 주제 선정 기준

- 숲에서 쉽게 발견할 수 있는 것인가?
- 다양한 감각을 자극할 수 있는 것인가?
- 유아에게 흥미와 호기심을 제공하는 것인가?
- 감정이입을 하거나 정서적 교감이 가능한 것인가?
- 관찰하기, 분류하기, 비교하기, 예측하기, 측정하기 등 과학적 과정 기술을 사용할 수 있는 것인가?
- 지속적인 관찰을 통해 변화를 경험할 수 있는 것인가?
- 유아에게 유해하거나 독 성분이 있는 것은 아닌가?

이 장에서는 이런 점을 고려하여 자연에서 쉽게 볼 수 있는 10가지 주제를 중심으로 교육활동을 구성해 보았다. 애벌레, 곤충, 거미, 올챙이와 개구리, 지렁이, 새, 나무, 나뭇잎, 꽃, 열매와 씨앗은 숲에서 쉽게 관찰 가능한 자연물이고 유아의 흥미와 호기심을 불러일으키는 재료이며, <표 5>의 기준에 부합하는 것이다. 또한, 한 가지 주제를 두 달에 걸쳐 제공하거나 혹은 계절 자연물의 변화를 살펴본다면

10가지 주제를 중심으로 한 유아숲체험교육 프로그램은 깊이 있는 탐구와 교감의 시간이 될 수 있을 것이다. 예를 들어 봄과 가을에 각각 나뭇잎이라는 주제로 수업을 진행해서 두 계절 속 나뭇잎의 변화는 어땠는지, 같은 점과 다른 점은 무엇이었는지를 비교해 본다면 유아는 나뭇잎의 생태적 특성뿐만 아니라 나뭇잎에 대한 이해와 사랑의 마음을 가질 수 있을 것이다.

1 유아숲체험교육 프로그램

유아숲체험교육이란, 숲에서 유아의 감각을 일깨우고, 자연물 놀이와 탐구 및 표현활동 등을 통해 생태계를 이해하며, 자연친화적인 태도를 기르게 하는 체험 위주의 교육을 의미한다. 이는 유럽의 숲유치원교육을 기초로 하는 구성된 교육이며, 자연물을 주제로 한 교육과정이다. 다음에서 그 목적과 목표, 교육내용, 교수-학습방법, 평가, 교사의 역할 등을 살펴보겠다.

1. 목적과 목표

이 프로그램은 자연물 주제중심 통합 유아숲체험교육 프로그램을 통해 자연과의 조화로운 관계를 형성하여, 유아의 전인적인 성장과 발달을 가능하게 하는 데 목적이 있다.

이와 같은 목적을 달성하기 위해 설정한 구체적인 목표는 다음과 같다.

첫째, 자연을 존중하고 더불어 살아가는 태도를 갖는다.

둘째, 자연에 대해 호기심을 가지고 과학적으로 탐구한다.

셋째, 자연의 아름다움을 느끼고 표현한다.

2. 교육내용

이 프로그램은 자연물을 주제로 하여 오감각교육, 사회 · 정서교육, 과학탐구교육, 예술교육의 교육내용을 제공하는 것으로 구성되었다.

표 6 자연물 주제중심 통합 유아숲체험교육 프로그램의 교육내용

교육내용	세부 내용
오감각교육	• 오감으로 자연체험하기 • 감각경험 및 감각능력 개발하기 • 여러 감각을 골고루 활용하기
사회 · 정서교육	• 자연물에 감정이입하여 공감하기 • 자연물과 정서적 교감하기 • 놀이를 통해 또래와 협력하기 • 자기를 인식하고 자아 존중감 기르기
과학탐구교육	• 자연에 대한 호기심을 유지하고 확장하기 • 자연물에 대한 궁금증 해결하기 • 자연물의 생태적 특징 이해하기 • 과학탐구과정 즐기기
예술교육	• 자연의 아름다움 인식하기 • 자연의 예술적 요소 찾기 • 자연에 대한 생각과 느낌을 예술적으로 표현하기

<표 6>의 내용을 살펴보면, 오감각교육이란 유아가 자신의 감각을 인식하고 다양한 자연물에 대해 감각기관을 활용하며 탐색하고 관찰하며 살필 수 있는가 하는 것이다. 사회 · 정서교육이란, 물활론적 사고를 지닌 유아가 자연에 감정을 이입하고 정서적 교감을 나누는 내용과 또래와 협동하고 타인을 이해하는 내용을 가리킨다. 과학탐구교육이란, 유아가 자연물에 대해 호기심을 가지며, 궁금한 점을 해결하고 이해하는 생태적 특징과 이 과정에서 활용하는 과학과정 기술이 포함된 것을 말한다. 마지막으로 예술교육은 자연의 아름다움을 체득하고, 자연물을 소재로 이용할 때 느낀 아름다움을 음악이나 그림으로 표현하는 것을 뜻한다.

자연물 주제중심 통합 유아숲체험교육 프로그램의 교육내용은 <표 6>에 제시한 것과 같이 오감각교육, 사회 · 정서교육, 과학탐구교육, 예술교육 등으로 구성되어 있다.

오감각교육에는 오감으로 자연체험하기, 감각경험 및 감각능력 개발하기, 여러 감각을 골고루 활용하기가 세부 내용으로 포함되어 있다. 예를 들어 한 가지 또는 두 가지 감각만으로 자연을 체험하여 각각의 감각적 특징을 경험하는 것, 한 가지 감각을 차단하고 자연체험을 했을 때 다른 감각들이 어떻게 활성화되는지를 경험하는 것이 오감각교육의 내용이다.

사회 · 정서교육에는 자연물에 감정이입하여 공감하기, 자연물과 정서적 교감하기, 놀이를 통해 또래와 협력하기, 자기를 인식하고 자아 존중감 기르기가 세부 내용으로 계획되었다. 예를 들면 자기 마음에 드는 나무를 찾아보고, 나무가 지금 어떤 생각을 하고 있을지, 어떤 감정일지, 왜 그렇게 생각하는지 등을 알아보는 활동을 통해 타인 이해와 공감, 감정이입 등의 사회적 기술을 경험하게 된다.

과학탐구교육에는 자연에 대한 호기심을 유지하고 확장하기, 자연물에 대한 궁금증 해결하기, 자연물의 생태적 특징 이해하기, 과학탐구과정 즐기기가 세부 내용으로 구성되어 있다. 예를 들면 애벌레가 무엇을 먹는지 궁금해하는 유아가 자신의 궁금증을 해결하기 위해 애벌레 도감이나 애벌레가 좋아하는 나뭇잎을 직접 관찰하는 활동을 통해 과학과정기술 중 조사활동을 경험할 수 있게 한다. 이러한 교육과정을 통해 유아는 과학탐구과정을 즐길 수 있게 된다.

예술교육에는 자연의 아름다움 인식하기, 자연의 예술적 요소 찾기, 자연에 대한 생각과 느낌을 예술적으로 표현하기가 세부 내용으로 포함되어 있다. 유아는 본능적으로 기분이 좋으면 노래를 흥얼거리거나 자신이 느낀 점을 그림으로 표현하려고 한다. 예를 들어 유아가 빗방울이 나뭇잎 끝에 달린 것을 보고 악기로 빗방울 소리를 연주하거나 몸으로 표현하거나 그 모습을 그림으로 그리는 것은 자연을 예술적으로 표현하는 데 구체성을 띤 것이다.

3. 교수-학습방법

1) 프로그램의 교수-학습원리

자연물 주제중심 통합 유아숲체험교육 프로그램의 교수-학습원리는 다음과 같다.

첫째, 유아가 처음 숲으로 들어오게 되면, 먼저 숲에 대한 친밀도를 높이고 창의성을 계발할 수 있도록 놀이 중심으로 다가가는 것이 필요하다. 그래서 숲에서 자연물을 자유롭게 만나고 탐색할 수 있도록 '놀이중심의 원리'를 적용한다.

둘째, 자연물을 발견한 후 더욱 깊이 있는 탐색을 지원하고 오감각 중심으로 경험할 수 있는 '체험중심의 원리'를 적용한다.

셋째, 유아가 자연탐색 시 자발적이고 적극적으로 임하고, 자연의 느낌이나 경험을 예술적으로 표현할 수 있도록 '자발성의 원리'를 적용한다.

넷째, 유아에게 자연물을 주제로 제공할 경우에는 서로 상관없는 것이 아니라 영역별로 연결되어 제공할 수 있도록 '통합의 원리'를 적용한다.

2) 프로그램의 교수-학습과정

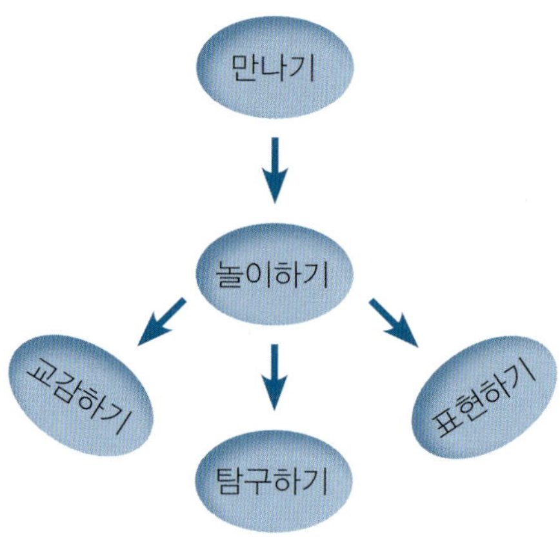

그림 6 프로그램의 교수-학습과정

자연물 주제중심 통합 유아숲체험교육 프로그램의 교수-학습과정은 '만나기-놀이하기-교감하기-탐구하기-표현하기'의 5단계를 거친다(<그림 6> 참조).

프로그램의 교수-학습과정 5단계는 다음과 같다.

(1) 만나기 단계

만나기 단계는 숲을 방문한 유아가 잔디밭에 편안히 누워 오감을 열고 숲의 소리, 냄새, 촉감, 맛 등을 느끼는 활동에 해당하므로 숲 전이 활동이라 할 수 있다. 예를 들어 숲에 도착한 유아가 잔디밭 위에 가만히 앉거나 누워서 눈을 감고 숲속에서 들리는 다양한 생명의 소리, 숲의 냄새, 숲의 느낌 등에 집중하는 활동이다. 이 활동은 유아가 1회에서 5회까지 숲을 방문하면 대략 5분 정도의 시간을 주고, 방문 주기가 잦아지면 10분까지 시간을 늘린다.

(2) 놀이하기 단계

놀이하기 단계는 유아의 열의를 깨우고 자연과 친해지는 활동에 해당한다. 이는 숲에서 게임, 신체표현, 동작활동 등 다양한 방법으로 생태적 지식을 이해하는 활동 단계이다. 또한, 유아가 숲에서 자유롭게 놀이하는 자유 숲놀이 시간도 이 단계에 포함된다. 유아는 천성적으로 놀이를 즐기기 때문에 이 과정은 숲을 낯설어하거나 숲 경험이 없는 유아에게 매우 효과적이다.

(3) 교감하기 단계

교감하기 단계는 오감을 통해 자연을 느끼고 자연물에 감정이입하며 정서적으로 교감하는 활동에 해당한다. 유아가 숲을 방문하면 가장 먼저 관찰할 수 있는 것이 나무다. 그 나무를 자세히 관찰하면 나무에 구멍이 뚫리거나 나무껍질이 움푹 파이는 등 상처 난 모습을 볼 수 있다. 이때 유아에게 "나무가 왜 이럴까? 이렇게 상처가 나면 아플까?" 등의 질문을 제공하여 유아가 나무에 감정이입을 할 수 있도록 도와준다. 그런 다음 나무가 더 이상 아프지 않게 하기 위해서는 어떤 도움을 줄 수 있는지 이야기를 나누는 활동으로 전개할 수 있다.

(4) 탐구하기 단계

탐구하기 단계는 숲에서 발견하는 자연물에 대해 주의 깊은 탐구과정을 경험하는 과정에 해당한다. 숲속에 들어온 유아는 그곳에서 다양한 생명체를 발견하게 되면 자연스럽게 호기심과 궁금증이 생긴다. 예를 들어 “이 꽃의 이름은 뭐예요? 이 나무에는 왜 이렇게 솔방울이 많이 열렸어요? 이 나뭇잎의 색깔은 왜 이래요? 이 곤충은 왜 이렇게 작아요?” 등등 쉴 새 없이 질문을 쏟아낸다. 그럴 때마다 교사는 바로 정답을 알려 주는 것이 아니라 유아가 궁금한 점을 스스로 찾을 수 있도록 동식물 도감을 제공하거나 궁금증을 해결하기 위한 방법을 제시해야 한다. 이것이 이 과정에서 이루어지는 내용이다.

(5) 표현하기 단계

표현하기 단계는 자연물의 요소를 활용하여 미술활동, 몸짓활동, 악기연주 등 예술적으로 표현하는 과정에 해당한다. 숲에 있는 자연물에는 조형적 요소인 점, 선, 면, 명암, 양감, 질감, 색채가 다양하게 마련되어 있다(이명호, 2004). 그러므로 유아는 오감으로 자연물을 탐색하고 경험하면서 다양한 생각과 느낌을 갖게 된다. 또한, 유아가 숲에서 자유롭게 뛰어다니고 놀이할 때 즐거움과 기쁨이 충만하여 흥이 절로 나고 노래도 흥얼거리게 된다. 그러므로 표현하기 단계란, 유아가 자연스럽게 자연의 아름다움을 경험하고 그 속에서 느낀 점이나 생각을 예술적으로 표현하는 것을 의미한다.

교수-학습단계를 진행할 때 고려해야 할 점은 숲이라는 장소는 갑작스러운 기후변화가 나타날 수 있고, 다양한 생명체가 함께 서식하는 곳이어서 유아의 관심이 급작스럽게 변할 수 있다는 것이다. 만약 이와 같은 환경 변화가 일어난다면 유아의 흥미와 욕구를 수용하여 융통성 있게 단계를 조정하는 것이 효과적이다. 따라서 위의 5단계 중 ‘교감하기, 탐구하기, 표현하기’는 유아의 흥미와 관심에 따라 순서를 바꾸어서 진행할 수 있다.

이와 같이 유아숲체험 프로그램의 교수방법을 개발한 것은 처음 숲을 방문한 유아 중 자연물을 적극적으로 탐색하지 않는 유아가 있기 때문이다. 특히, 자연물을 구체적으로 접해 본 경험이 없는 유아는 자연물을 만지지 않으려고 할 수 있다. 그러므로 유아에게 감각경험을 포함한 놀이하기 단계를 먼저 제공한다. 예를 들어 나무 만져 보기를 꺼리는 유아를 위해 나무와 나무를 이동하며 바꾸는 놀이를 먼저 진행한다면, 유아는 놀이를 통해 자연스럽게 나무를 만지게 된다.

자연스러운 감각경험이 이루어지고 숲에 대해 마음이 열려 있을 때 자연물과 정서적인 교감을 할 수 있는 교감하기 단계를 제공할 수 있다. 이 단계에서는 유아의 오감각을 발달시킬 수 있는 활동을 다양하게 제공해야 한다. 감각을 골고루 활용하는 활동과 한가지 감각에만 집중하는 활동을 통해 감각능력이 발달되기 때문이다.

탐구하기 단계에서는 관심 있는 자연물 주제에 대한 궁금한 점을 목록으로 만들고 각각의 질문에 대한 해결방안을 탐구하는 과정을 제공할 수 있다.

표현하기 단계에서는 다양한 모양의 나뭇잎과 작은 열매, 여러 가지 꽃을 이용해 집, 곤충 마을, 꽃밭 등으로 재구성하는 예술적 표현활동이 이루어질 수 있다. 명상을 통해 숲의 소리, 맛, 느낌 등을 경험하는 만나기는 유아가 숲에 들어온 맨 처음에 제시하는 것이 좋다. 이는 자연에서 멀어진 생활을 통해 둔해진 감각을 하나씩 깨우고, 자연과 하나가 되는 경험을 제공하기 위함이다. 명상 활동과 유사하게 진행된 만나기 단계는 유아가 처음부터 잘하지는 못한다. 몸을 움직이거나 실눈을 뜨거나 눈 감기를 거부하는 경우도 있다. 그러나 숲에 대한 이해와 애정이 생기면서 만나기에 참여하는 자세는 진지해진다. 눈을 감고 자세가 흐트러짐 없이 호흡에 집중하며 자연과 일치를 갖는 시간을 경험하기 때문이다.

따라서 필자가 제시한 교수방법은 유아가 자연을 이해하고, 자연과의 조화로운 관계를 인식하게 하는 유아의 발달 수준에 적합하다는 것을 시사한다. 아울러 일반 교사도 이러한 교수방법으로 어렵지 않게 유아숲체험교육을 제공할 수 있을 것이다.

교수-학습방법에 따른 수업 사례

<표 7>은 '애벌레'라는 주제로 진행된 수업 사례이다. 프로그램은 '만나기–놀이하기–탐구하기–교감하기'의 단계로 진행된다.

표 7 애벌레를 주제로 한 수업 사례

프로그램명		꿈틀꿈틀 애벌레		
교수-학습 과정	활동명	교사-유아 상호과정		교사 역할
		교사	유아	
만나기	여름 숲과 만나기	– 숲에서 어떤 소리가 들리는지 세 가지만 찾아보자. 어떤 소리를 들었니?	– 새소리요. 물소리도 들려요. – 개미 기어다니는 소리요. – 새소리가 뾰롱뾰롱해요.	격려하기
		– 혓바닥을 앞으로 쭉 내밀어서 어떤 맛이 느껴지는지 보자. 어떤 맛을 느꼈니?	– 약간 짠맛이요. – 야! 그건 너 땀이잖아. – 아냐. 진짜 짠맛 나. – 선생님, 난 바람 맛이 나요. – 난 시원한 맛이 나.	
		– 손바닥이 하늘을 보게 하고 손바닥에서 어떤 느낌이 나는지 말해 볼까?	– 따뜻해요. – 벌레가 휙 지나갔어요. – 바람이 느껴져요.	
		– 자, 이제 모두 눈을 감고 귀에서 들리는 소리, 혓바닥에서 느껴지는 맛, 손바닥 느낌이 어떤지 잘 기억해 보자. 선생님이 박수를 치면 눈을 뜨고 맨 처음 본 게 무엇인지 이야기해 주렴.	(유아들은 모두 눈을 감고 자연의 소리, 맛, 촉감을 경험한다. 한참 후 교사의 박수 소리에 눈을 뜬다.)	
		– (박수를 친다.) 이제 눈을 뜨고 무엇을 보았는지 이야기해 볼까?	– 나무요. – 난 흙 봤는데. – 꽃을 봤어요! – 도토리요~	
		– 눈을 감았을 때와 떴을 때 어떤 게 다르니?	– 색깔이 좀 달라요. 어? 지금은 다시 원래 색이에요. – 진짜? – 응. 다시 눈 감아 봐. 떠 봐. 신기하지? – 와~ 점점 밝아져!	

교수-학습 과정	활동명	교사-유아 상호과정		교사 역할
		교사	유아	
만나기	여름 숲과 만나기			
놀이하기	애벌레 경주	- 애벌레가 움직이는 걸 본 적이 있니? 어떻게 움직였니?	- 네. 꾸물꾸물 기었어요. - (일어나서 몸을 앞뒤로 움직이며) 이렇게 섰다가 누었다가 갔어요. - (양손을 휘저으며) 다리를 이렇게 하면서요.	격려하기 · 놀이 촉진하기
		- 왜 그렇게 움직이는 걸까?	- 애벌레는 다리가 짧아서 기어가는 것 같아요. - 아니야. 다리가 없어서 기어가는 거야.	
		- 그렇구나. 애벌레가 다리가 있을 것 같니? 이따 애벌레를 직접 관찰해 보자.	- 없어요! 있어요! 잘 모르겠어요. - 애벌레 도감도 찾아봐요.	
		- 우리도 모두 애벌레처럼 움직여 볼까? 두 팀으로 나누어서 애벌레 경주를 해 보자. (활동방법을 설명한다.)	(규칙에 따라 활동에 참여한다.)	
		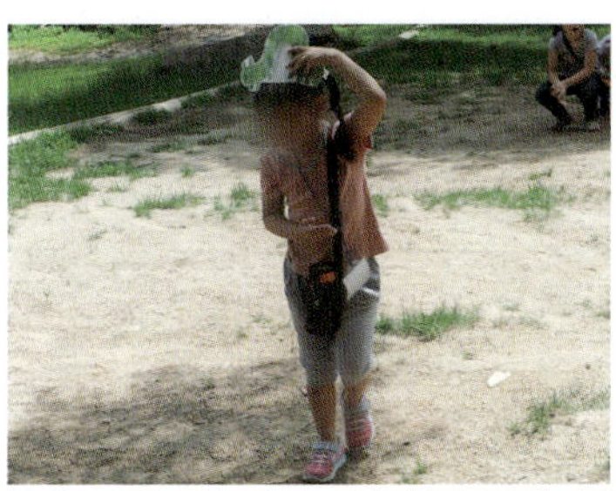		

교수-학습 과정	활동명	교사-유아 상호과정		교사 역할
		교사	유아	
탐구 하기	애벌레 관찰 하기	- 애벌레에 대해 궁금한 점이 있니?	- 애벌레가 다리가 있는지 궁금해요. - 애벌레는 무엇을 먹어요? - 애벌레도 입이 있어요? - 애벌레도 똥꼬가 있어요? - 애벌레는 어디 살아요? - 애벌레도 눈이 있어요?	격려 하기 · 지원 하기
		- 그렇구나. 너희들이 궁금한 점을 우리 함께 조사해 보자. (관찰도구를 나눠 주고 유아들이 애벌레를 손으로 잡지 않도록 주의시킨다.)	(유아들은 나뭇가지, 관찰통, 루페를 활용하여 애벌레를 관찰한다.)	
		- (관찰이 끝난 후) 애벌레를 관찰해 보았는데, 너희들이 궁금한 점을 알 수 있었니? 애벌레에게 다리가 있었니?	- 곤충처럼 생기진 않았지만 있었어요. 많아요. - 그거 털 아니야? - 선생님, 근데 애벌레 가시에 찔리면 죽어요?	
		- 아~ 매미나방 애벌레의 털을 이야기하는 거구나. 어떨 것 같아? 털에 찔리면 우리가 죽을까?	- 손에 가시만 박히고 안 죽어요. - 독이 있는지 알아봐요.	
		- 애벌레가 무엇을 먹는지 알 수 있었니?	- 애벌레가 나뭇잎 먹는 걸 봤어요. 사각사각 소리도 났어요. - 난 나뭇잎을 주니까 안 먹던데.	
		- 애벌레는 어디 살고 있었니?	- 나무에요. 나무에 엄청 많이 있어요. - 거기가 집인가 봐요. - 그런데 비 오면 어떻게 해요?	
		- 글쎄~ 비가 오고 태풍이 불 때 애벌레는 어떻게 하고 있을까?	- 애벌레 비 맞겠다. - 태풍 불면 애벌레 떨어질걸? - 그럼 어쩌지? 비 오고 태풍 불면 애벌레 다 죽어? 선생님, 다 죽어요?	
		- 애벌레 다칠까 봐 걱정되는구나. 다음에 비가 올 때 애벌레를 관찰해 보자.	- 네.	
		- 애벌레에게 입과 눈이 있었니?	- 입 봤어요. 눈도 있어요. - 네. 나도 검정 동그라미 봤어요.	

교수-학습 과정	활동명	교사-유아 상호과정		교사 역할
		교사	유아	
탐구 하기	애벌레 관찰 하기	- 애벌레 도감에는 눈이 퇴화해서 눈으로 잘 보지 못하는 애벌레도 있대. 그리고 어떤 애벌레들은 무서운 가짜 눈을 만들어서 자기 몸을 지킨다고 하네. - 그럴 수도 있지. 애벌레 도감을 보면서 궁금한 점을 더 찾아보자.	- 아~ 그럼, 제가 본 게 가짜 눈일 수도 있겠네요? 신기하다!	격려 하기 · 지원 하기

교감 하기	눈이 없다면	- 애벌레는 눈이 퇴화하여서 다른 감각을 이용해서 이동한다는데, 우리도 애벌레처럼 눈을 가리고 가면 어떻게 될까?	- 넘어져요. 못 가요. - 무서워요. 답답할 것 같아요.	
		- 둘씩 짝을 지어서 한 명은 눈을 가리고, 한 명은 친구를 도와서 숲으로 들어가 보자.	(유아들이 짝을 지어 활동한다.)	
		(활동이 끝난 후 이야기 나눈다.) - 눈을 가리니까 느낌이 어땠니? 어떤 점이 좋았니?	- 가슴이 쿵쾅거렸어요. - 앞에 뭐가 있는 것 같았어요. - 친구가 손을 꼭 잡아 줘서 안 무서웠어요. - 난 재미있었는데, 스릴 있어요! 근데 소리가 막 크게 들렸어요. - 바람 소리랑 나뭇잎 소리, 진짜 컸어요. - 친구랑 손잡고 가는 게 좋았어요. - 눈 가린 것보다 안 가린 게 좋았어요. - 처음에는 무서웠는데 나중엔 하나도 안 무서웠어요. 또 하고 싶어요.	위험 제거 하기 · 격려 하기

<table>
<tr><th rowspan="2">교수-학습 과정</th><th rowspan="2">활동명</th><th colspan="2">교사-유아 상호과정</th><th rowspan="2">교사 역할</th></tr>
<tr><th>교사</th><th>유아</th></tr>
<tr><td rowspan="4">교감 하기</td><td rowspan="4">눈이 없다면</td><td>- 힘들거나 어려웠던 점은 무엇이었니?</td><td>- 바닥에 뭐가 있을지 몰라서 좀 무서웠어요.
- 난 아까 안대 내리고 봤는데...
- 넘어질까봐 무서웠어요.</td><td rowspan="3">위험 제거 하기
·
격려 하기</td></tr>
<tr><td>- 만일 내가 애벌레라면 어떨 것 같아?</td><td>- 우와~ 나뭇잎만 먹어야 해요.
- 배가 맨날맨날 아플 것 같아요. 기어다니니까.
- 음... 무서울 것 같아요. 눈도 안 보이고, 기어다녀야 하고.
- 애벌레는 정말 불편할 것 같아요.
- 못생겼는데, 참 불쌍해요.</td></tr>
<tr><td>- 우리가 애벌레한테 무엇을 해 줄 수 있을까?</td><td>- 애벌레 보면 소리 지르지 않아요.
- 애벌레를 밟지 않아요. 눈이 없으니까 우리가 보고 가야 해요.
- 애벌레 식탁 만들어 줘요.
- 애벌레가 비 안 맞게 우비 만들어 줘요.
- 애벌레한테 돋보기 줄래요. 그러면 앞을 잘 보고 갈 수 있잖아요.
- 그럼, 나는 나뭇잎 자판기를 만들어 줘야지. 편하잖아.</td></tr>
<tr><td colspan="3"> </td></tr>
</table>

4. 평가

평가란, 교육과정의 전 과정을 통해서 소정의 교육목표가 교육실제에 있어 어느 정도 실현되었는지를 결정하는 과정이며(이기숙 외, 2013), 교육적 노력에 따른 학습자의 다양한 변화를 판단하는 절차라고 할 수 있다(방인옥 외, 2009). 또한, 평가는 교육의 대상인 학습자에게만 국한되는 것이 아니라 교육의 제공자인 교사에게도 적용되며, 교육의 제반 여건, 즉 사회문화적 여건을 포함한 교육환경에 대한 평가까지도 포함된다(양옥승 외, 2001).

5세 누리과정에서도 교육과정의 질적 수준을 유지 및 관리하기 위하여 주기적으로 교육과정의 편성과 운영에 관한 평가를 실시하고 그 결과를 다음의 교육활동 계획 수립에 활용하도록 하고 있다. 그 내용을 보면 유아의 발달 수준과 변화 정도, 교육내용과 교수-학습방법, 교육환경과 교육자료에 대해 종합적으로 평가하는 것이다. 평가결과는 유아에 대한 이해와 유아 지원을 위한 의사결정, 교수-학습방법 개선, 누리과정의 효율적인 편성과 운영, 부모 면담 자료 등으로 활용되도록 하고 있다(교육기술과학부, 2011).

그러나 유아를 평가하는 일은 단순하고 쉬운 일이 아니므로 유아의 행동이나 발달을 객관적으로 평가하고 유아 간 비교평가보다는 개별 유아의 평가를 지향하며, 결과보다 과정에 초점을 맞추어 실시해야 한다(교육부, 1993; 이기숙 외, 2013, 재인용)는 보완 방법이 있을 정도이다. 개별 유아의 발달 과정을 평가하는 방법은 표준화된 도구를 사용하는 형식적 평가와 관찰, 면담, 설문지, 체크리스트, 포트폴리오 등 다양한 자료를 사용하는 비형식적 평가로 나눌 수 있다(권영례, 2008).

자연물 주제중심 통합 유아숲체험교육 프로그램의 평가방법으로는 유아 평가와 교사 평가가 있는데, 이를 좀 더 살펴보겠다.

유아 평가 방법은 먼저 도구에 의한 평가를 진행한다. 프로그램 실시 전과 실시 후에 사회 · 정서 발달척도, 그리기 표상능력, 과학탐구능력 등을 검사하며, 이 프로그램이 유아의 발달영역에 미치는 영향을 살펴본다. 또한, 활동이 끝날 때마다 대집단으로 모여서 실행한 활동에 대해 회상하기를 통해 평가해 본다. 이러한 평가결과는 다음 활동에 반영한다.

교사 평가 방법은 수업 내용을 녹음한 후 상호작용에 대해 분석한 것과 일화 기록을 통한 수행평가, 유아 작품 분석 및 평가를 병행한다. 그 결과 유아의 자발적인 참여가 이루어졌는지, 서로 협동하고 배려하는 사회적 기술을 활용할 수 있는 활동이 전개되었는지, 자연을 탐구하는 과정을 경험하는지, 자연을 느끼고 다양한 예술활동으로 표현하는지 등을 평가한다.

5. 교사의 역할

필자가 유럽의 숲유치원을 방문했을 때 숲유치원 교사들이 유아들의 위험해 보이는 놀이를 지켜보고, 유아들이 서로 싸우거나 위험에 처했을 때에도 도움을 요청하지 않으면 절대 개입하지 않았는데, 이때 그들의 모습에 큰 감명을 받았다. 일정이 끝난 후에 숲유치원 교사에게 왜 위험한 상황에 재빠르게 개입하지 않느냐고 물어보았다. 그러자 교사는 유아의 행동에 개입하면 유아 스스로 문제를 해결하고 자기 몸을 지킬 수 있는 기회를 빼앗을 수 있기 때문에 신중해야 한다고 설명해 주었다. 이 사례에서 알 수 있듯이 숲유치원의 교사들은 유아가 자연과 온전한 만남을 위해 항상 고민하고 교사(또는 학부모)의 개입을 최소화하며 기다림이 생활화되어야 한다.

독일 프라이부르크 대학 부설 숲유치원장 노베르트 후퍼르츠(Norbert Huppertz, 2011)는 숲유치원 교사의 자질에 대해 "그 누구보다도 교사는 먼저 숲을 이해하고 사랑하는 태도를 지녀야 하며, 숲에서 행하는 생활이 가치 있다는 것을 인식하고, 자연에 대한 최소한의 지식을 지녀야 한다."라고 설명하였다. 또한, 유아의 연령에 따라 적절한 활동 장소를 물색하는 것도 매우 중요하다고 보았다.

따라서 유럽 숲유치원 교사의 역할은 유아가 온전히 숲을 느끼고 체험할 수 있도록 개입을 최소화하고, 교사가 먼저 숲에 대한 가치와 지식을 인식하여 유아가 안전하게 숲활동을 할 수 있도록 활동장소를 선정하는 것이라 할 수 있다. 이런 점을 고려하면 자연친화교육에서 교사는 유아가 자연에 호기심을 가질 수 있도록 유아와 적극적으로 상호작용하며, 유아의 발달과 특성을 고려하여 자연교육을 제공하며 유아의 숲놀이가 더욱 풍성해질 수 있도록(김은숙, 2010; 홍은주, 2006; Catron & Allen, 1998) 도와주는 역할을 담당한다.

숲체험 교사의 역할은 유아와 자연을 함께 나누고, 유아에게 즐거움을 주며, 마음을 열고 다가가는 것이다(Cornell, 2002). 또한, 유아가 안전하게 숲활동을 할 수 있도록 위험한 요소를 제거하여 유아에게 안전한 환경을 제공하고, 유아의 놀이를(Helg, 2009; Knight, 2013) 적극적으로 격려해 주는 것이다.

특히, 교사는 유아와 함께 자연체험을 하거나 자연물을 만지며 놀이하고 관찰하는 등 모범을 보여야 한다. 그런 다음 유아가 자연에 익숙해지면 유아의 놀이가 더욱 활발히 진행될 수 있도록 놀이를 촉진시켜야 한다. 그 과정에서 유아가 발문하는 것을 포착하여 의미 있는 교육으로 전개할 수도 있다. 또한, 유아마다 자연에 대한 마음가짐과 친해지는 속도가 다를 수 있으므로, 유아가 자연을 맞이할 준비가 되었는지 세세히 살피고 그들의 발달 수준과 개별적 특징을 고려하여 교육과정을 계획하여야 한다.

따라서 유아숲체험교육 프로그램에서 교사의 역할을 정리해 보면 다음과 같다.

첫째, 유아가 숲에서 안전하게 활동할 수 있도록 미리 위험요인을 제거하는 역할이다. 이를 위해서 교사는 유아가 숲활동을 하기 전에 교육 장소인 숲을 둘러보고 땅이 파이거나 흙이 쓸려 내려가서 유아가 다니기에 불편한 곳이 없는지 등 현장을 점검한다. 또한, 숲활동을 하기 전에 유아에게 모기, 진드기 기피제를 뿌려 해충에 노출될 수 있는 요소를 예방해 준다.

둘째, 유아의 놀이가 더욱 풍성해질 수 있도록 놀이를 촉진하는 역할이다. 특히, 프로그램 진행 초기에는 유아가 숲을 낯설게 여기고 자연에 대한 마음도 열리지 않을 수 있으므로 다양한 놀이를 제공하여 숲에서의 놀이가 즐겁다는 것을 알려준다. 또한, 프로그램 진행 중반 이후에는 유아들끼리의 자유놀이를 격려하며, 더욱 활발하게 진행될 수 있도록 촉진시켜 준다.

셋째, 자연물과 또래와의 활발한 상호작용을 지원하는 역할이다. 특히, 곤충이나 애벌레에 대한 사전 경험이 없는 유아는 특정 곤충이나 애벌레에 대해 혐오감을 갖거나 친해지는 데 두려워할 수도 있다. 따라서 곤충 관찰통이나 채집망을 준비하여 유아가 안전함을 느끼며 관찰할 수 있도록 지원해 주어야 한다. 아울러 유아들이 서로 의견을 교환하며 활발한 상호작용이 이루어질 수 있도록 적절한 질문을 제공해 주어야 한다.

넷째, 유아가 다양하고 자유롭게 자기 생각과 느낌을 표현하도록 격려하는 역할이다. 먼저, 유아의 표현을 지원하기 위해 교사도 자연에 대한 느낌과 생각을 다양하게 표현한다. 그리고 유아에게 자기 생각과 느낌을 언어뿐만 아니라 예술활동과 신체활동 등 다양한 방법으로 표현할 수 있도록 충분한 시간을 제공해 준다.

6. 숲에서의 안전지도

숲에는 커다란 바위, 부서진 나무, 가파르게 경사진 곳, 독을 가진 동물(뱀, 벌 등) 등 위험요소가 많다. 위험에 대한 불안감과 아이들의 안전을 위해 교사는 숲에 가면 수시로 안전규칙을 이야기하거나 유아들의 활동을 제한하는 경우가 잦다. 그러나 위험요소에 대해 인식하고 대처방안을 찾는다면 유아들이 안전하게 활동할 수 있다. 여기서는 숲에서의 위험요소와 대처방안을 살펴보겠다.

1) 위험요소와 대처방안

(1) 숲에 있는 자연물

유아들은 숲에서 나뭇가지, 돌멩이, 흙, 방송이 등 다양한 자연물을 가지고 놀이한다. 이러한 자연물은 자칫 사고를 유발할 수 있기 때문에 자연물에 대한 안전한 사용방법을 알려 주는 것이 좋다.

먼저, 자주 가지고 노는 나뭇가지는 들고 뛰거나 사람이 많은 곳에서 휘두르지 않도록 하고 머리 위로 들거나 사람이 있는 쪽으로 던지지 않도록 지도한다. 나뭇가지로 안전하게 놀이하기 위해서는 나뭇가지를 잡고 아래로 내려 끌면서 이동하도록 하고 적당한 길이의 나뭇가지를 골라 놀 수 있도록 지도한다. 나무에 난 가지들은 잘 부러지는지 확인하고 부러진 가지는 미리 제거한다.

지표면 위로 나와 있는 그루터기는 아이들이 걸려서 넘어질 수 있으므로 사전에 잘 살피고 유아들에게 위치를 알려 준다. 가을에는 낙엽에 쌓여서 잘 보이지 않으므로 교사가 먼저 활동공간을 탐색한 후 그루터기 위치를 표시해 두는 것이 좋다.

돌과 흙은 유아에게 아주 좋은 놀잇감이다. 그러나 다른 사람에게 던지면 매우 위험하므로 사전에 지켜야 할 약속을 정해서 안전하게 놀 수 있도록 지도한다.

줄기에 가시가 있는 고마리 풀, 며느리밑씻개 풀, 한삼덩굴 등에 찔리거나 베일 수 있으므로 교사는 미리 장소를 살펴보고 제거하거나 유아들이 조심할 수 있도록 위치를 안내한다. 엄나무, 산초나무, 탱자나무, 두릅나무 등에도 날카로운 가시가 있기 때문에 미리 군락지를 파악해서 유아들이 안전하게 활동할 수 있도록 준비해야 한다.

(2) 꽃가루

식물에 따라 꽃가루가 날리는 시기가 다르나 특정 꽃가루에 의해 알레르기 반응이 생길 수 있으므로 평소에 꽃가루 알레르기가 있는 유아를 파악해야 한다. 꽃가루 알레르기 증상으로는 재채기, 코의 가려움, 맑은 콧물, 코막힘, 눈의 가려움, 기침 등이 있고 심한 경우 호흡곤란이 올 수도 있다. 활동 지역의 꽃가루 농도 위험 지수가 매우 높을 경우에는 숲활동을 진행하지 않는 것이 좋다(<표 8> 참고). 꽃가루 농도에 대한 정보는 기상청 사이트(www.kma.go.kr)에서 그날그날 확인할 수 있다.

봄에는 소나무, 오리나무, 참나무, 자작나무 등 나무의 꽃가루가 많이 날리므로 부모에게 귀가 후 아이들이 입었던 옷을 털고, 샤워를 해서 꽃가루를 씻어낼 수 있도록 안내한다. 숲에서는 꽃가루를 마실 수 있으니 물을 자주 마시거나 헹구어 내어 목이 따갑거나 가려움증을 방지하는 것이 좋다.

표 8 식물의 꽃가루 발생 시기

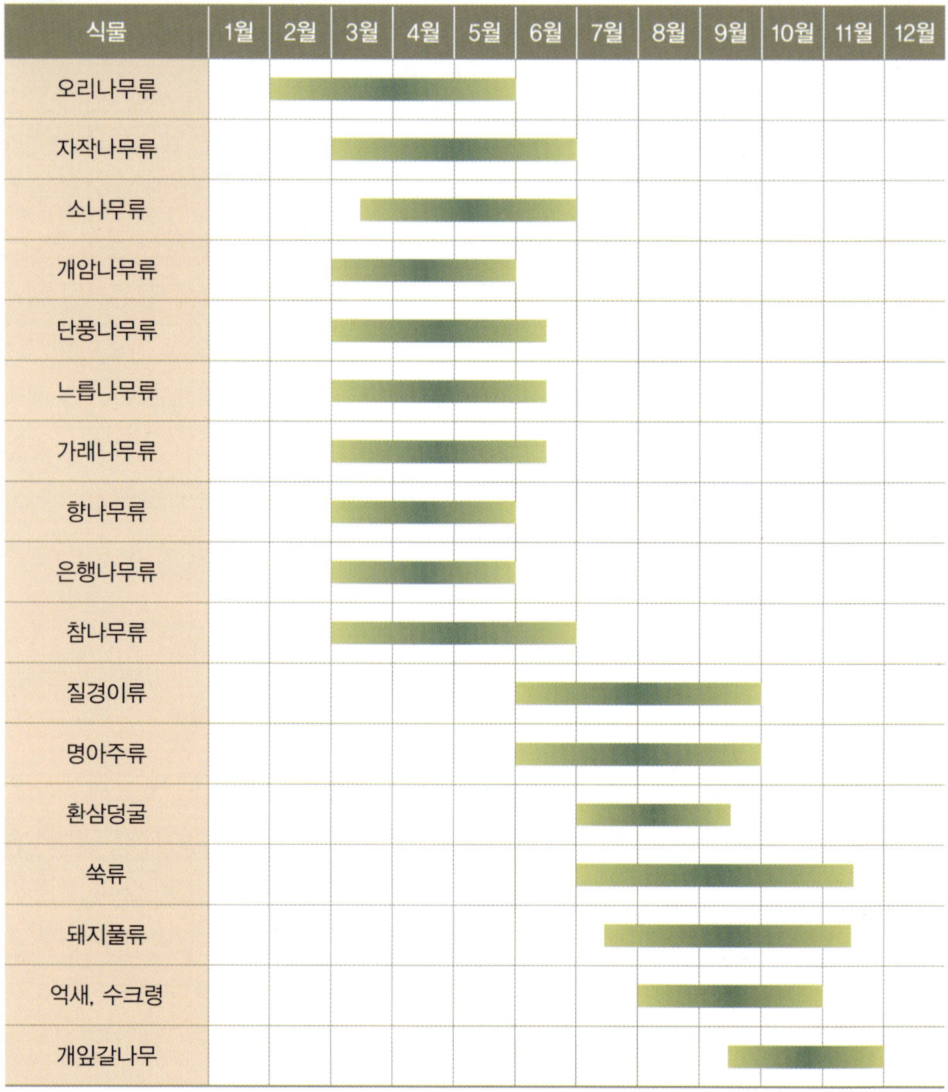

: 화분 방출기간

출처: 산림청(2016). 아동숲교육현장 위기 · 응급상황대응매뉴얼. p.41.

(3) 뱀

우리나라에는 16종의 뱀이 서식하고 있고, 이 중 살모사, 까치살모사, 쇠살모사, 유혈목이 4종이 독사이다. 독이 없는 뱀은 사람과 같이 몸집이 큰 동물의 발자국 진동을 느끼면 바로 자리를 피하고 달아나기 때문에 크게 염려하지 않아도 된다. 그러므로 아이들이 뱀을 발견할 경우에는 당황하지 말고 멀리 떨어져서 뱀이 지나가기를 기다릴 수 있도록 지도한다. 그러나 독이 있는 살모사류나 유혈목이는 사람이 다가가면 피하지 않고 공격할 수 있으므로 뱀을 자극하지 않고 그 자리를 피하는 것이 좋다. 목이 긴 양말, 장화나 목이 긴 튼튼한 신발을 착용하여 다리를 보호한다. 또한, 유아들이 어두운 구멍, 바위틈, 쌓아 놓은 나무 틈으로 손이나 발을 집어 넣지 않도록 지도한다. 교사는 사전에 풀숲이나 덤불, 낙엽이 쌓인 곳은 미리 살펴보는 것이 좋다. 독사에게 물리는 사고가 발생하면 <표 9>의 절차대로 응급처치를 해야 한다.

표 9 독사에 물렸을 때 응급처치의 기본원칙

① 뱀이 없는 곳으로 옮겨 절대안정을 시키며 움직임을 최소화하고 119에 신고한다.
② 물린 부위를 심장보다 낮게 하고, 몸을 조이는 것들을 제거한다.
③ 세척액으로 상처 부위의 독과 이물질을 씻어낸다.
④ 물린 부위에서 심장 방향 10~15cm 부위를 2~3cm 폭의 헝겊으로 묶는다. 손가락 하나가 들어갈 정도로 여유 있게, 15분 묶고 30초 풀기를 반복한다.
⑤ 쇼크 증상 시 반듯하게 눕히고 물린 부위가 다리가 아니면 다리를 30도 올려 준다.

(4) 벌

숲에서 벌집을 발견하면 끈으로 경계 구역을 표시하여 유아들이 가까이 가지 않도록 지도한다. 벌은 향기에 반응하므로 숲에 갈 때는 옷에 향수를 뿌리거나 향이 강한 화장품을 바르지 않도록 하고 달콤한 음료나 과즙이 많은 과일은 가져가지 않는 것이 좋다.

숲에 갈 때 입는 옷을 세탁할 때는 향이 없는 세제를 사용하며, 세탁은 너무 자주 하지 않는 것이 좋다. 벌이 가까이 다가오면 소리 지르거나 팔을 휘두르지 말고 눈을 감고 귀를 막은 다음 제자리에 앉아 몸을 낮추어 벌이 다른 곳으로 갈 때까지 기다린다.

꿀벌에 쏘였을 때는 신용카드나 핀셋 등으로 벌침을 제거하고 흐르는 물에 환부를 씻은 후 항히스타민 연고를 바르고 얼음찜질을 해 주면 통증과 부종을 방지할 수 있다. 말벌류는 독침을 여러 번 쏠 수 있기 때문에 두통, 어지러움, 쇼크 증세가 나타나는지 살피고 119에 신고한 후 응급처치를 한다. 벌에 쏘인 후 15~20분 이내에 아나필락시스 쇼크 증상[15)]이 나타나면 응급처치 후 즉시 병원으로 이동하여 치료를 받아야 한다.

(5) 모기

모기는 전 세계에 3,500종이 분포하며, 우리나라에는 56종이 서식하고 있다. 건물 2~3층 높이인 7~8m 정도까지 높게 날 수 있으며, 1~2m 내의 사물만 볼 수 있는 심한 근시이지만 30m 밖에서도 냄새를 맡을 수 있는 뛰어난 후각을 가지고 있다.

사람의 피를 빠는 모기는 전체 10% 종류의 모기 중 산란기의 암컷 모기이며, 암컷 모기는 교미 후 흡혈을 통해 수정란에 영양을 공급한다. 모기는 자기 몸무게의 2~3배까지의 혈액을 흡혈할 수 있다.

모기의 천적으로는 박쥐, 잠자리, 사마귀, 거미 등이 있다. 숲에서 모기에 물리지 않으려면 모기가 싫어하는 향(국화 향, 민트류, 계피 향, 마늘 냄새, 오렌지 향, 레몬 향)으로 천연기피제를 만들어 뿌리거나 시판용 기피제를 뿌릴 수 있다. 모기는

15) 아나필락시스 쇼크 증상이란, 특정물질(페니실린 계열의 항생제, 해열진통제, 백신, 땅콩, 해산물, 과일 등)이나 벌에 쏘이거나 곤충에 물렸을 때 나타날 수 있는 심각한 알레르기 반응이다. 발견 즉시 치료하면 큰 문제는 없으나 진단과 치료가 지연되면 목숨을 잃을 수도 있다.

땀 냄새를 맡고 오기 때문에 체온이 너무 높아지지 않게 하는 것이 좋다. 모기에 물리면 상처 주위를 깨끗이 소독한 후 약을 발라 주고 상처 부위가 덧나지 않도록 살펴본다.

(6) 진드기

진드기는 진드기목 후기문아목에 속하는 절지동물로, 소, 말, 인간, 조류 등을 숙주로 해서 흡혈하며 살아간다. 한국, 일본, 중국 등 동아시아 전역과 호주, 러시아 등지에 분포한다.

이 중 SFTS(중증열성혈소판감소증후군)바이러스를 보유한 작은소참진드기에 물리면 치사율이 6%나 될 정도로 위험하다. 작은소참진드기는 4~11월 사이에 발생하므로 이 시기에 숲에 갈 때는 진드기에 물리지 않도록 조심해야 한다.

진드기에 물렸을 때는 손톱이나 손의 힘으로 무리하게 진드기를 떼지 말고 끝이 뾰족한 핀셋을 이용하여 진드기의 머리 가까이를 집고 비틀거나 회전하여 뽑아낸다. 제거한 진드기는 젖은 솜을 깐 유리병이나 플라스틱 통에 담아 병원에 가져가면 SFTS바이러스를 보유하고 있는지 확인할 수 있다. 제거 후 환부는 생수로 씻은 다음 소독액과 항생제가 든 연고를 발라 준다. 이후 감염 여부를 판단하기 위해 병원으로 이송한다.

가정에서는 숲체험 후 자녀들을 목욕시키면서 진드기에 물린 곳이 있는지 관찰하고 숲활동 시 착용했던 의류나 사용했던 돗자리 등은 잘 털어 햇볕에 말리거나 세척한다.

진드기에 물리지 않으려면 숲에 갈 때 긴팔, 긴바지, 목이 긴 양말, 모자 등을 착용하는 것이 좋다. 풀밭 위에 옷을 벗어 놓지 않도록 하며, 풀밭 위에 앉거나 눕지 않는다. 또한, 머리카락, 귀, 팔 아래, 허리, 무릎 뒤, 다리 사이 등 진드기에 잘 물리는 부위에는 진드기 기피제를 지속적으로 뿌려 준다.

2) 응급상황 발생 시 행동단계

산림청(2016)에서는 숲에서 응급상황이 발생하면 <그림 7>과 같이 3단계로 행동하기를 안내하고 있다.

현장파악단계에서는 현장에서 발생한 사건 및 대상자의 상태와 문제점을 파악한다. 그런 다음 119에 신고할 때는 사고 경위 및 부상자의 위치를 명확히 안내한다. 응급처치 및 도움단계에서는 대상자를 안심시키고 2차 손상을 주의하며 도움을 제공한다.

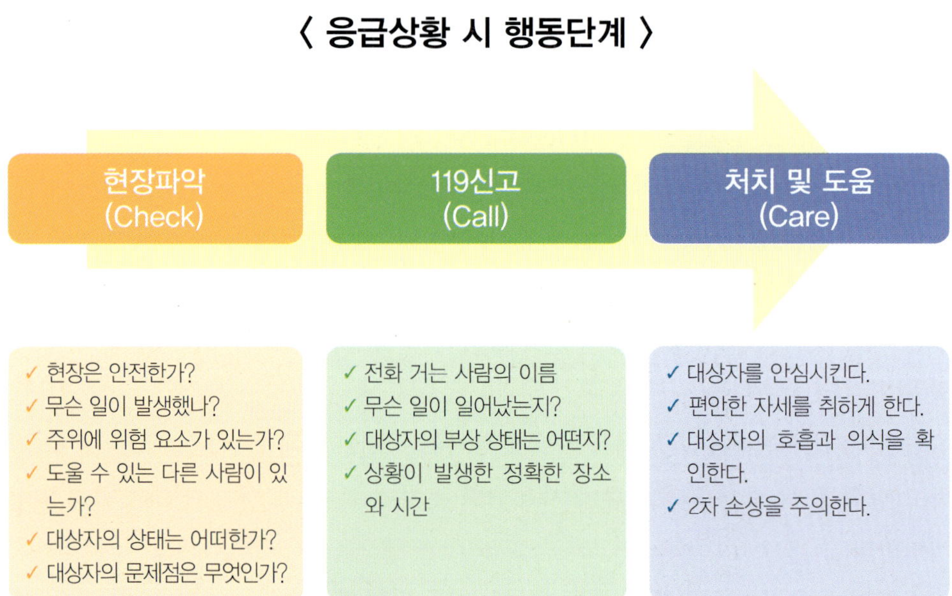

그림 7 응급상황 시 행동단계

출처: 산림청(2016). 아동숲교육현장 위기 응급상황 대응매뉴얼. p.2

3) 유아숲체험교육을 위한 안전지도

(1) 유아숲체험교육 시작 단계

교사는 유아숲체험교육을 시작하기 전에 유아와 인사하고 간단한 스트레칭이나 체조를 해서 몸을 이완시킨다. 그다음 유아숲체험교육을 할 수 있는 안전한 공간을 안내하고 안전하게 활동할 수 있도록 규칙을 정한다.

<표 10>은 숲에서 일반적으로 활용할 수 있는 규칙이다. 유아들과 규칙을 정할 때는 부정적인 단어보다 긍정적인 단어를 사용하는 것이 좋다.

표 10 숲에서 지켜야 할 약속

① 선생님이 보이는 곳에서 놀이하기
② 나뭇가지를 가지고 놀이할 때는 주변에 친구들이 있는지 먼저 살펴보기
③ 돌멩이를 던질 때는 사람이 없는 곳으로 던지기
④ 열매, 버섯, 흙을 만지고 난 후 꼭 손을 씻기
⑤ 풀이 내 무릎까지 올라오는 길을 갈 때는 손바닥으로 치면서 가기
⑥ 밤송이를 만질 때는 짧은 나뭇가지를 젓가락처럼 사용해서 잡기
⑦ 뱀을 만나면 그 자리에 가만히 멈추기
⑧ 벌이 오면 손으로 얼굴을 감싸고 자리에 앉기
⑨ 개미가 모여 있는 곳은 들어가지 않기
⑩ 내리막길을 내려올 때는 무릎을 구부리고 발에 힘을 주고 내려오기

(2) 유아숲체험교육 진행 단계

유아숲체험교육을 하는 동안 자연물을 안전하게 사용할 수 있도록 지도하고 다른 유아의 행동을 방해하거나 위협을 가하는 행동이 일어나지 않도록 살펴야 한다. 또한, 아이들이 교사의 시야에서 벗어나지 않도록 확인한다.

나무에 오르려는 유아가 있으면 바로 제지하지 말고 부러진 곳이 있는지, 약한 나뭇가지가 있는지 확인하고 안전하게 올라갈 수 있도록 도와준다. 나무에 오르

는 활동은 유아의 신체발달에 매우 중요한 영향을 미치므로 안전하게 놀 수 있는 방법을 고려해야 한다.

경사진 곳을 오르거나 내리막길을 내려갈 때는 다리에 힘을 주고 걷도록 안내하거나 너무 높은 경사는 미끄럼을 타고 내려오도록 안내한다.

(3) 유아숲체험교육 종료 후

유아숲체험교육이 끝나고 이동하기 전에 유아들이 벌레에 물리거나 상처가 난 곳이 없는지 살펴본다. 상처를 발견하면 즉시 응급처치를 하고 부모님께 전후 상황을 구체적으로 이야기해야 한다.

신발 안에 돌멩이나 흙이 들어갈 수도 있으므로 자리에 앉아서 신발을 벗어 털게 하고, 바지에 묻은 흙도 털어낼 수 있도록 지도한다.

숲에서 나가기 전 교사는 인원 점검을 하여 길을 잃거나 다른 곳으로 이동한 유아가 있는지 확인하고 숲 주변에 버린 쓰레기가 있는지 살피며 뒷정리를 한다.

2 동물을 주제로 한 유아숲체험교육

1. 애벌레

애벌레의 생태적 지식

애벌레 또는 유충(幼蟲, Larva)은 어른벌레(성충)로 모습을 바꾸기 전까지 아직 다 자라지 않은 벌레를 가리킨다. 곤충, 양서류, 자포동물과 같은 간접적인 발생을 하는 동물들은 그들의 생활환경에 따라 애벌레 과정을 거친다.

애벌레의 모습은 일반적으로 어른벌레(이를테면 모충과 나비)의 모습과는 다르며, 애벌레는 어른벌레에서는 나타나지 않는 자기만의 구조와 애벌레 장기를 가지고 있는 것도 있다. 애벌레의 먹이도 어른벌레의 것과 상당히 다르다.

애벌레는 어른벌레와는 떨어진 환경에 자주 적응한다. 이를테면 올챙이와 같은 애벌레는 특이하게 물 환경에서 살지만 다 크면 개구리가 되어 물 밖으로 나와 산다. 구별된 환경에 살아가면서 애벌레는 포식자들로부터 보호를 받을 수 있고 어른벌레와의 자원 싸움을 줄일 수 있다.

애벌레 단계의 동물들은 어른벌레로 바꾸어 갈 힘을 얻기 위하여 먹이를 먹는다. 따개비와 같은 일부 종들은 어른벌레가 되어서는 움직이지 않지만 움직이는 애벌레 형태로 이와 구별한다.

일부 종들의 애벌레는 사춘기를 겪으며 더 이상 어른벌레 형태로 발달하지 않는다. 이것은 유형성숙의 일종이다. 애벌레 형태는 언제나 반복설을 따른다는 오해가 있다. 반복설을 따르는 경우도 있으나 곤충에서와 같이 가끔씩은 이차적으로 진화하기도 한다.

출처: 위키백과사전(2015).

1) 애벌레 경주

활동목표 - 애벌레 움직임의 특징을 안다.
- 내 몸을 이용하여 애벌레처럼 표현해 본다.

활동장소 평평한 지형

활동시기 봄~겨울

활동준비물 애벌레 모자 2개, 반환점 표시할 끈(나무에 묶을 것)

교수방법 놀이하기

활동방법

1. 애벌레 사진을 보여 주며 애벌레에 대한 동기를 부여한다.
   - 이 사진 속 생물의 이름은 무엇일까?
   - 애벌레는 자라서 무엇이 될까?
   - 애벌레는 무엇을 먹고 자랄까?

2. 애벌레 움직임에 대해 이야기한다.
   - 애벌레는 어떻게 움직일까?
   - 우리가 애벌레라면 어떻게 움직일까?

3. 애벌레 경주 놀이를 한다.
   - 두 줄로 나누어서 자리에 앉는다.
   - 각 팀의 반환점이 될 나무를 선정한다.
   - 두 반환점의 길이가 똑같은 곳을 출발점으로 정하고 출발점에 나뭇가지를 놓아 표시한다.
   - 애벌레 모자를 쓰고 애벌레처럼 움직여서 반환점을 돌아온다.
   - 빨리 뛰거나 달리지 않고 애벌레처럼 움직일 수 있도록 한다.

4. 활동을 마무리한다.
   - 놀이에 대해 간단히 이야기 나눈다.
   - 애벌레를 찾아보자고 제안하며 다음 활동으로 진행한다.

참고사항

1. 다양한 방법으로 편을 나눌 수 있도록 한다.
2. 애벌레처럼 천천히 움직이며 걸어갈 수 있도록 지도한다.
3. 유아들이 원할 경우 빨리 달리기로 애벌레 경주를 진행할 수 있다.

2) 애벌레 관찰하기

활동목표 - 애벌레의 생김새, 색, 움직임을 관찰해 본다.
- 관찰한 애벌레들의 비슷한 점과 다른 점에 대해 이야기 나눈다.
- 애벌레가 사는 곳에 대해 안다.

활동장소 풀숲, 나무숲

활동시기 봄~가을

활동준비물 루페, 곤충 관찰통, 페트리 접시, 애벌레 도감, 나뭇가지

교수방법 탐구하기

활동방법

1. 애벌레와 관련된 이전 경험에 대해 이야기를 나눈다.
   - 애벌레를 본 적이 있니?
   - 애벌레를 봤을 때 느낌이 어땠니?

2. 애벌레를 찾아본다.
   - 애벌레는 어디에 살고 있을까?
   - 애벌레를 관찰하려면 무엇이 필요할까?
   - 애벌레를 관찰할 때 주의할 점은 무엇일까?

3. 애벌레를 관찰한다.
   - 나무줄기에 있는 애벌레나 잎을 먹고 있는 애벌레를 관찰통이나 페트리 접시에 놓고 관찰한다. 세밀한 관찰을 위해 루페를 이용한다.
   - 애벌레를 찾고 관찰하는 시간을 충분히 제공한다.

4. 관찰한 내용을 이야기 나눈다.
   - 애벌레의 색은 어땠니? 생김새는 어땠니?
   - 애벌레의 눈, 코, 입을 보았니?
   - 애벌레는 무엇을 하고 있었니?
   - 관찰했던 애벌레들의 비슷한 점은 무엇이었니? 다른 점은 무엇이었니?
   - 애벌레 찾기가 어려웠던 이유는 무엇일까?

5. 활동을 마무리한다.

- 애벌레의 위장술에 대해 이야기한다.
- 애벌레를 다시 원래 있던 곳으로 놓아준다.

참고사항

1. 애벌레를 관찰할 때 손으로 잡지 않도록 하고 나뭇가지를 이용해서 애벌레를 조심히 올리고 페트리 접시나 관찰통에 놓아 관찰하도록 한다.
2. 관찰이 끝나면 바로 원래 있던 곳에 조심히 놓아주도록 한다.
3. 나무에 거미줄처럼 매달린 애벌레는 줄을 잡고 통에 놓은 후 관찰한다.
4. 교사는 사전에 애벌레의 서식지를 충분히 조사한 후 교육장소로 활용한다.

3) 눈이 없다면

활 동 목 표 - 눈이 아닌 다른 감각을 이용하여 숲을 느껴 본다.
- 애벌레에 대한 감정이입을 통해 생명의 소중함을 깨닫는다.

활 동 장 소 경사가 거의 없는 바닥이 고른 숲

활 동 시 기 봄~겨울

활동준비물 눈가리개

교 수 방 법 교감하기

활 동 방 법

1. 애벌레에 대해 설명한다.
   - 애벌레는 시력이 좋지 않아서 다른 감각을 이용하여 이동해. 좋아하는 잎의 냄새, 바람의 느낌, 그리고 빛에 의해 방향을 찾고 움직인단다.
   - 우리도 애벌레처럼 눈이 아니라 다른 감각을 이용해서 숲을 걸어 보자. 어떤 소리가 나는지? 어떤 냄새가 나는지? 어떤 느낌인지? 충분히 느끼면서 걸어 보자.

2. 숲을 느끼며 천천히 걸어가 본다.
   - 둘씩 짝을 짓는데 한 명은 눈을 가리고 다른 한 명은 손을 잡고 숲길을 안내한다.
   - 일정 거리를 걸어가면 두 유아의 역할을 바꿔서 다시 이동한다.

3. 느낌에 대해 이야기 나누다.
   - 눈을 가리니까 느낌이 어땠니? 어떤 점을 느낄 수 있었니?
   - 좋았던 점은 무엇이었니?
   - 어떤 점이 가장 불편했니?
   - 내가 애벌레라면 어떨 것 같니?
   - 우리에게 눈이 없다면 어떨까?

4. 애벌레를 도와줄 수 있는 일에 대해 이야기 나눈다.
   - 우리가 애벌레한테 해 줄 수 있는 일에는 무엇이 있을까?

참고사항

1. 안내하는 유아가 나무에 부딪히게 하거나 구멍 난 길로 데리고 가는 등 장난스럽게 진행하지 않도록 한다.
2. 이 활동은 옆 친구와 신뢰감을 유발할 수 있게 한다.
3. 숲에 대한 느낌을 충분히 경험할 수 있도록 하고, 가능하면 말은 하지 않도록 당부한다.

4) 애벌레 만들기

활동목표 - 애벌레의 특징을 잘 살려내어 다양한 자연물로 애벌레를 꾸며 본다.
- 애벌레가 다 자란 후의 나비 모습을 상상해 보고, 그림으로 그려서 꾸며 본다.

활동장소 교실, 책상과 의자가 있는 곳

활동시기 봄~가을

활동준비물 여러 가지 자연물, 색연필, 사인펜, 목공풀, 물풀

교수방법 표현하기

활동방법

1. 관찰했던 애벌레의 모습을 회상한다.
   - 숲에서 관찰했던 애벌레의 모습은 어땠니? 생김새는? 어떤 특징이 있었니?
   - 관찰을 통해 알게 된 사실은 무엇이니?
2. 자연물을 수집한다.
   - 애벌레를 만들기 위해 필요한 자연물(나뭇잎, 꽃잎, 꽃술, 나뭇가지, 열매 등)을 수집한다.
3. 나만의 애벌레 만들기 활동을 한다.
   - 수집한 자연물로 나만의 애벌레를 만들어 본다.
   - 애벌레가 성충이 되었을 때의 모습도 그리고 꾸며 본다.
4. 감상해 본다.
   - 친구들에게 자신이 만든 그림과 꾸민 애벌레의 모습을 보여 주며 발표한다.
   - 친구들이 만든 애벌레를 감상한다.

참고사항

1. 유아들이 애벌레의 이름을 지어 주고, 어떤 나비가 될지 상상하도록 하며, 애벌레의 특징이 드러나도록 상호작용해 준다.
2. 재료가 부족한 유아는 밖에서 자연물을 더 구해 올 수 있도록 지도한다.

5) 애벌레를 도와주는 일

활동목표 - 애벌레를 도와줄 수 있는 방법에 대해 안다.
- 생명을 소중히 여기고 보호하는 마음을 기른다.

활동장소 교실, 책상과 의자가 있는 곳

활동시기 봄~가을

활동준비물 종이, 필기도구

교수방법 표현하기, 교감하기

활동방법

1. 관찰했던 애벌레에 대해 이야기를 나눈다.
   - 우리가 숲에서 발견한 애벌레들은 어떻게 생겼지?
   - 무엇을 하고 있었을까?
   - 애벌레로 살아가기에 불편한 점은 무엇일까?

2. 애벌레를 위해 할 수 있는 일에 대해 이야기 나눈다.
   - 애벌레를 위해서 우리가 할 수 있는 일은 무엇이 있을까?
     - 애벌레를 보면 소리 지르지 않아요.
     - 애벌레를 밟지 않아요. 눈이 없으니까 우리가 보고 가야 해요.
     - 애벌레가 좋아하는 식물을 심어 줘요.

3. 애벌레에게 하고 싶은 말을 편지로 써 본다.
   - 애벌레에게 선물하고 싶거나 하고 싶은 말을 그림이나 글을 통해 적어 보자.

4. 감상해 본다.
   - 친구들 앞에서 자신이 쓴 편지를 읽어 본다.
   - 친구들의 편지를 조용히 듣고 자신의 내용과 비교해 본다.

참고사항

〈애벌레 먹이〉

- 애호랑나비 애벌레: 족두리풀
- 청띠신선나비 애벌레: 청가시덩굴잎
- 네발나비 애벌레: 환삼덩굴잎
- 호랑나비 애벌레: 탱자나무나 산초나무 같은 운향과 식물잎

2. 곤충

곤충의 생태적 지식

곤충은 절지동물문에 속하는 동물이며, 몸은 머리, 가슴, 배의 세 부분으로 구분된다. 머리에는 1쌍(2개)의 더듬이와 1쌍(2개)의 겹눈이 있으며, 가슴에는 2쌍(4개)의 날개와 3쌍(6개)의 다리가 있다. 곤충은 다리에 마디가 있어 절지동물에 속한다. 곤충은 알을 낳아 번식하고, 자라면서 몸의 생김새가 바뀌어 애벌레와 어른벌레의 모습이 다르다. 곤충의 종류는 100만 종 이상으로 전체 동물 수의 약 3/4을 차지할 정도로 많다.

곤충류는 날개가 없는 원시적인 무시아강(無翅亞綱)과 유시아강(有翅亞綱)으로 구분되며, 무시아강은 4목(目)으로 구분된다. 또 유시아강은 어릴 때에 날개의 싹이 보이는데, 불완전변태를 하는 외시류(外翅類)와 유충이 성충과는 전혀 달라 완전변태를 하는 내시류로 구분된다. 무시아강에 속하는 4목은 서로 명백하게 달라, 유시아강과는 유연(有緣) 관계가 먼 것으로 생각된다. 또 유시아강 중에는 날개를 겹쳐 접지 못하는 구시하강(舊翅下綱)과 날개를 겹쳐 접는 신시하강(新翅下綱)으로 구분하기도 한다.

곤충의 성장은 알-애벌레-번데기-성충으로 성장하는 완전변태(나비, 잠자리, 풍뎅이 등)와 알-유충-성충(사마귀, 메뚜기, 여치 등)으로 성장하는 불완전변태로 나뉜다.

곤충은 일반적으로 1쌍의 겹눈과 3개의 홑눈을 갖고 있다. 겹눈은 수많은 낱눈이 모여 이루어진 복합눈이다. 즉, 하나의 낱눈에는 각각 수정체와 렌즈 등을 갖고 있으므로 겹눈은 수정체와 렌즈가 매우 많은 눈이라고 할 수 있다. 하지만 하나의 렌즈와 수정체를 가진 포유동물이나 새보다는 멀리서 사물을 선명하게 보지는 못한다. 대신에 우리는 보지 못하지만 곤충들은 자외선과 같은 색을 볼 수 있는 장점이 있다. 이와 달리 하나의 렌즈로 된 홑눈은 종에 따라서 어른벌레에서 없거나 3개까지 가지며 빛의 밝기 등을 구별한다.

곤충은 더듬이를 이용하여 냄새와 촉각을 느끼고 동료들과 정보를 나누기도 한다.

기본적으로 밑마디, 흔들마디, 채찍마디로 이루어져 있다. 특히, 채찍마디는 여러 마디로 이루어져 있다. 전체 마디 수는 보통 11~13마디이지만 종류마다 마디 수는 매우 다양하여 3마디에서 수십 마디로 된 것도 있다.

출처: 위키백과사전(2017).

1) 집게벌레 놀이

활동목표 - 신체의 각 부분을 움직여 본다.
- 게임 활동을 통해 이동운동을 경험한다.
- 집게벌레의 생태적 특징에 대해 이해한다.

활동장소 바닥이 평평한 지형

활동시기 봄~가을

활동준비물 빨래집게 50개, 집게벌레 사진

교수방법 놀이하기

활동방법

1. 집게벌레에 대해 이야기를 나눈다.
    - 사진 속 곤충을 본 적이 있니? 어떻게 생겼니? 무슨 색이니?
    - 다른 곤충과 다른 점이 있니?

2. 활동에 대해 설명한다.

[활동 1 수준]

① 두 그룹으로 나눈 후 각 그룹에서 나무 역할의 유아를 선정한다.
② 거리를 충분히 하여 위치를 선정한 후 나무 역할 유아를 나무처럼 서 있게 한다.
③ 유아들에게 각각 2개의 빨래집게를 나누어 준 후 자기 팀의 나무에 매달게 한다.
④ 제한시간 동안 나무를 제외한 유아들은 모두 새가 되어 상대 팀의 집게벌레(빨래집게)를 한 개씩 가져온 후 자신의 나무에 매단다.
⑤ 활동이 끝나면 각 팀의 집게벌레 수를 세어 본다.

[활동 2 수준]

① 모든 유아에게 집게벌레(빨래집게)를 2개씩 나누어 준다.
② 제한시간 내에 자신의 몸에 있는 집게벌레(빨래집게)를 다른 사람의 몸에 매단다.
③ 활동이 끝나면 자신의 몸에 몇 개의 집게벌레가 달렸는지 세어 본다.

3. 활동을 평가한다.

- 오늘 활동은 어땠니? 무엇이 재미있었니? 어떤 점이 힘들었니?
- 다른 방법으로 진행한다면 어떻게 할 수 있을까?

참고사항

1. 집게벌레는 습하고 좁은 곳을 좋아하는 흑갈색이나 적갈색의 집게벌레목 집게벌레과에 속하는 곤충이다. 주로 겨울에는 동면하지만 사람의 집에서 겨울을 나기도 한다. 오래된 집에서는 자주 볼 수 있다.
2. 집게벌레는 진드기, 곰팡이, 바퀴벌레의 알을 먹기 때문에 사람들에게 유익하다고 보는 사람들도 있다.
3. 집게벌레의 집게는 적으로부터 자신을 보호하지만 독이 없고 사람을 물지 않는다.

2) 곤충 관찰하기

활동목표 - 곤충의 생태 공간에 관심을 갖는다.
- 곤충의 특징적인 생김새를 탐구한다.

활동장소 곤충의 서식지(나뭇잎이 무성한 곳, 폐목이 쌓여 있는 곳 등)

활동시기 봄~가을

활동준비물 부분 그림 곤충 사진(계절에 볼 수 있는), 곤충 도감, 채집함, 곤충 관찰통, 루페, 돋보기

교수방법 탐구하기

활동방법

1. 곤충 사진을 이용하여 메뚜기를 소개한다.
   - 이 종이 뒤에 어떤 곤충의 모습이 숨어 있단다. 한꺼번에 모습을 다 보여 주지 않고 부분을 보여 줄 텐데 어떤 곤충인지 쉽게 알 수 있을까?
   - (맨 구석의 종이를 떼어 내며) 어느 부분인 것 같니?
   - (또 다른 부분의 종이를 떼어 내며) 이젠 어떤 곤충인지 알 수 있을까?
   - 모든 종이를 다 떼어 내 보자. 너희들이 생각한 곤충과 맞았니?
   - 이 곤충을 보면 어떤 생각이 나니?
   - 이 곤충을 어디에서 보았니?

2. 풀숲에서 곤충을 찾아본다.
   - 곤충이 사는 곳은 어디일까?
   - 곤충을 잡으면 어디에 놓을까?

3. 곤충을 채집하고 관찰한다.
   - 이 곤충은 어떤 모습이니? 어떤 색깔이니? 어떤 것들을 가지고 있니?
   - 돋보기나 루페로 더 자세히 관찰해 보자.
   - 이 곤충에 대해 궁금한 점은 도감을 이용해서 찾아보자.

4. 곤충을 다시 놓아준다.
   - 우리가 관찰한 곤충을 어떻게 하면 좋을까?
   - 우리가 발견했던 곳을 기억하고 있니? 그럼 그곳에 가서 다시 놓아주자.

5. 관찰한 곤충을 그림으로 그려 본다.
   - 우리가 관찰했던 곤충의 모습을 그려 보자.

참고사항

1. 곤충을 찾기 위해 우선 서식지를 파악하고 유아들이 잘 발견할 수 있도록 도와준다.
2. 곤충 찾기 활동이 끝나면 반드시 곤충을 원래 있던 곳에 놓아주고, 우리가 곤충의 생활과 공간을 침해하지 않고 공존하며 살아가야 함을 깨닫게 해 준다.

3) 메뚜기 뜀뛰기

활동목표 - 메뚜기처럼 멀리멀리 뛰어 본다.
- 창의적인 놀이 활동에 즐겁게 참여한다.

활동장소 넓고 평평한 곳

활동시기 봄~가을

활동준비물 곤충 관찰통, 곤충 도감

교수방법 놀이하기, 탐구하기

활동방법

1. 넓고 평평한 장소에서 아이들과 함께 둘러앉아 메뚜기에 대해 이야기를 나눈다.
   - 메뚜기를 본 적이 있니? 생김새는 어떠했니?
   - 메뚜기는 어떻게 움직일까?

2. 메뚜기의 움직임을 몸으로 표현한다.
   - 메뚜기처럼 움직여 보자. 높이 뛰어 보고, 멀리 뛰어 보자.
   - 메뚜기가 어떻게 높이 뛸 수 있을까? 어떻게 멀리 뛸 수 있을까?

3. 활동방법을 이야기한다.
   - 숲 바닥에 선을 긋고 선에서부터 최대한 멀리 뛰어 보는 연습을 한다.
   - 처음에는 술래를 정하지 않고 유아들이 모두 함께 참여할 수 있게 한다.
   - 다 함께 4~5걸음 정도 메뚜기처럼 뛰어 본 후 처음 장소로 돌아간다.
   - 같은 방법으로 멀리 돌아갔다 제자리로 돌아오는 활동을 해 본다.
   - 메뚜기팀과 술래팀으로 나눈 다음, 먼저 메뚜기팀이 술래팀보다 한 발짝 더 뛴다. (예: 메뚜기팀이 3번 뛰면 술래팀은 2번 뛰고, 메뚜기팀이 4번 뛰면 술래팀은 3번 뛴다.)
   - 술래팀에게 잡힌 메뚜기는 술래가 되어 게임을 진행하고 한 팀의 메뚜기가 모두 잡히면 역할을 바꾸어 진행한다.

4. 활동을 평가한다.

- 오늘 활동은 어땠니? 무엇이 재미있었니? 어떤 점이 힘들었니?
- 다른 방법으로 진행한다면 어떻게 할 수 있을까?

참고사항

1. 메뚜기 뜀뛰기 활동이 끝나면 자연스럽게 메뚜기에게 관심을 갖게 되므로 놀이하기 이후에 메뚜기를 관찰하는 것이 좋다.
2. 메뚜기에 대해 궁금한 점 조사하기 활동 등 다양한 확장활동을 할 수 있다.

4) 수서곤충 관찰하기

활동목표 - 수서곤충을 관찰하고 특징에 대해 안다.
- 수서곤충의 서식지를 살펴본다.

활동장소 계곡, 연못, 개울 등 수서곤충의 서식지

활동시기 여름~가을

활동준비물 뜰채, 관찰통, 수조, 수서생물 카드, 수서곤충 도감, 페트리 접시

교수방법 탐구하기

활동방법

1. 수서생물 카드를 보며 이야기를 나눈다.
   - 이렇게 생긴 곤충을 본 적이 있니? 뭐라고 부를까?
   - 숲에서 보는 곤충들과 같은 점은 무엇이니? 다른 점은 무엇이니?
   - 어디에서 볼 수 있을까?

2. 수서곤충 서식지에 맞춰 관찰해 본다.

   1) 물 표면, 물속에 보이는 곤충 관찰하기(소금쟁이, 물방개, 물장군)
   - 3급수 정도 되는 곳에 서식하므로 연못이나 고인 물웅덩이로 이동한다.
   - 수조에 물을 넣고 뜰채나 잠자리채로 소금쟁이, 물방개, 물장군을 잡아넣는다.
   - 소금쟁이, 물방개, 물장군을 관찰한다.

   ※ 소금쟁이가 물에 떠 있는 이유: 발에 기름을 발랐기 때문. 자세히 관찰하면 입으로 발에 기름을 바르는 것을 볼 수 있음. 기름 그림자도 볼 수 있음

   ※ 물장군, 물방개의 먹이: 올챙이, 물고기, 도롱뇽의 체액

   2) 바위나 자갈에서 사는 곤충 관찰하기(플라나리아, 옆새우, 날도래 등)
   - 계곡의 바위나 자갈을 뒤집어 자갈에 붙어 있는 플라나리아와 옆새우를 관찰통, 페트리 접시에 놓고 관찰한다.
   - 돌멩이나 자갈이 많은 곳에는 돌멩이로 집을 지은 날도래를 관찰할 수 있다.

3. 활동 후 곤충을 놓아준다.

참고사항

수서곤충은 수질의 오염도를 측정하는 지표종이다. 지표종이란, 환경의 오염 정도를 알려 주는 생물을 말한다.

수질등급	수질지표 생물군
1급수	가재류, 옆새우류, 하루살이류, 강도래류, 물날도래류, 광택날도래류, 멧모기류, 플라나리아류 등
2급수	선충류, 강하루살이류, 납작하루살이류, 동양하루살이류, 날도래류, 각다귀류, 등에류, 먹파리류, 깔따구류 등
3급수	거머리류, 등각류, 연못하루살이류, 기타 잠자리류, 딱정벌레류, 소금쟁이, 물방개 등
4급수	실지렁이류, 나방파리류, 꽃등에류 등

5) 자연물로 곤충 만들기

활동목표 - 놀이를 통해 곤충의 구조에 대해 이해한다.
- 다양한 자연물로 곤충을 만들어 본다.

활동장소 흙바닥이나 잔디밭 혹은 평평한 지면이 있는 곳

활동시기 봄~가을

활동준비물 돌멩이, 나뭇가지, 나무토막, 목공용 본드, 찰흙, 다양한 크기의 나뭇잎

교수방법 놀이하기, 표현하기

활동방법

〈놀이하기〉

[활동 1 수준]

① 유아들과 함께 나뭇가지 6개, 돌멩이 3개를 수집한다.

② 둘씩 마주 보고 가위바위보를 한다. 이긴 사람은 돌멩이(솔방울)나 나뭇가지 중 하나를 바닥에 놓는다.

③ 이때 돌멩이는 곤충의 머리, 가슴, 배로 꾸밀 수 있고, 나뭇가지는 6개의 다리로 꾸밀 수 있다.

④ 바닥에 곤충을 먼저 구성한 유아가 승리한다.

[활동 2 수준]

① 유아들과 함께 나뭇가지 6개, 돌멩이 3개를 수집한다.

② 둘씩 마주 보고 자신이 가지고 있는 자연물을 하나씩 내려놓는다. 만일 A 유아가 돌멩이 하나를 내려놓으면 B 유아는 돌멩이를 내려놓으며 가슴을 구성할 수도 있고, 나뭇가지를 내려놓으며 다리를 구성할 수도 있다. 두 명의 유아가 순차적으로 자연물을 내려놓으며 곤충의 생김새를 구성하는 활동이다.

〈표현하기〉

- 다양한 나뭇가지, 나뭇잎, 꽃잎 등을 수집한 후 준비한 찰흙을 나누어 준다.
- 어떤 곤충을 만들 것인지 생각하고 수집한 재료들로 다양한 곤충을 만들어 본다.
- 다 만든 작품은 나무에 붙이거나 풀 위에 올려놓아 전시한다.

참고사항

1. 놀이에 필요한 돌멩이는 작은 크기에 날카로운 면이 없는 것으로 수집할 수 있도록 한다. 돌멩이가 없을 경우 솔방울로 대체할 수 있다.
2. 나뭇가지는 너무 길지 않은 것(15cm 이내)으로 수집할 수 있도록 한다.

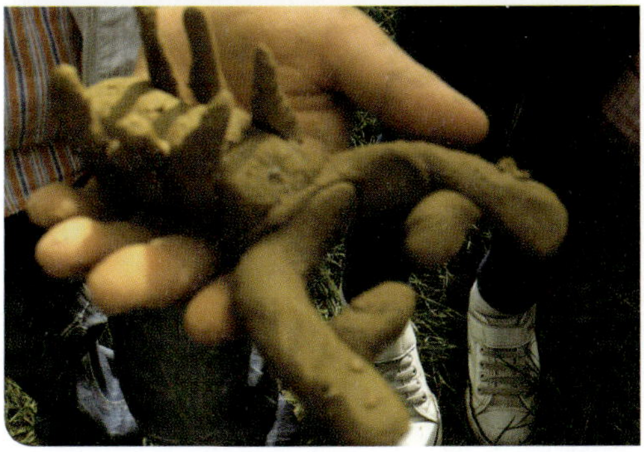
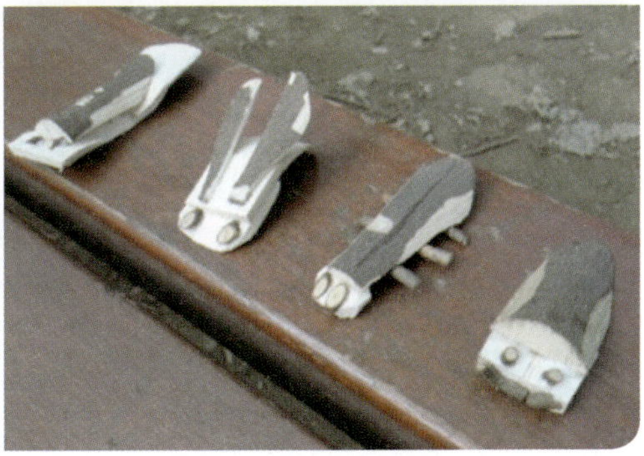

6) 나비 모자이크

활동목표 - 나비의 생김새를 이해한다.
- 형태와 여백에 대해 이해한다.
- 다른 유아와 협력하여 다양한 자연물로 나비를 꾸며본다.

활동장소 공원의 정자, 평평한 곳

활동시기 봄~여름

활동준비물 나비 무늬가 그려진 천, 다양한 풀잎, 꽃잎

교수방법 표현하기

활동방법

1. 관찰한 나비에 대해 이야기를 나눈다.
   - 나비는 어떻게 생겼니? 나비의 색깔은 어땠어?
   - 나비는 어디에서 무엇을 하고 있었니?
2. 나비가 그려진 천을 보며 이야기 나눈다.
   - (나비가 그려진 천을 보여 주며) 무엇이 그려져 있니? 왜 그렇게 생각했니?
   - 나비의 생김새를 잘 기억하고 있구나.
   - 우리가 이 나비를 꾸며 준다면 어떤 것들이 필요할까? 여기 이 면을 무엇으로 채울 수 있을까?
3. 자연물을 수집한다.
   - 꾸미기 활동에 필요한 풀잎과 나뭇잎, 꽃잎 등을 수집한다.
4. 모자이크 활동을 한다.
   - 모둠을 나누어서 나비가 그려진 천에 모자이크 활동을 한다.
   - 나비의 배는 어떤 자연물로 채워 볼까? 나비의 날개는 어떤 자연물로 채워 볼까?
   - 나비의 더듬이는 무엇으로 표현할까? 나비의 눈과 입은 어떻게 표현할 수 있을까?
5. 감상해 본다.
   - 모둠별로 완성된 나비를 감상하고 느낌에 대해 이야기를 나눈다.

6. 자연물을 자연으로 돌려준다.

- 모자이크가 끝나면 완성 작품은 사진으로 찍어서 남기고, 자연물은 '나무에 밥 주기' 활동을 한다.
- 이때 모둠의 유아들이 함께 천을 들고 이동해도 좋다.

참고사항

1. 어린 연령의 유아일수록 형태와 배경을 분리해서 지각하는 것이 어려울 수 있다. 그래서 나비 모양이 아닌 그 배경을 채울 수도 있다. 이때 나비의 형태를 강조하고 자연물로 채우라고 강요하지 않도록 해야 한다.
2. 나비 모양뿐만 아니라 다른 곤충의 모양도 미리 준비해서 모자이크 활동으로 진행할 수 있다. 그러나 단순히 모자이크 활동만 하는 것이 아니라 곤충의 생김새를 살펴보고, 그림에서 표현되지 않는 것은 무엇으로 어떻게 표현할 것인지 미리 계획하고 실행하는 것이 중요하다.
3. 연계활동으로 나비 관찰하기, 나비 동화 듣기, 나비 신체표현하기 등을 진행할 수 있다.

3. 거미

거미의 생태적 지식

거미는 거미강 거미목의 절지동물이다. 곤충과는 달리 다리가 여덟 개 달려 있고, 머리와 배 부분으로 나뉜다. 또한, 날개가 없어 날 수 없다. 대부분의 거미는 점액을 만드는 특수한 기관을 이용하여 거미줄을 만든다. 하지만 물거미, 게거미, 깡충거미, 농발거미처럼 거미줄을 만들지 않는 거미도 있다.

먹이는 주로 곤충으로, 곤충의 몸에 독소를 주입한 뒤, 그 체액을 빨아먹는다. 거미는 매미충, 파리, 모기, 나방, 개미, 최대로 바퀴벌레와 같은 해충들을 먹기도 해서 농업해충을 잡아먹는 '살아 있는 농약'으로 여겨지기도 한다. 천적으로는 새, 사마귀, 대모벌 등이 있다.

전 세계에 약 3만 종이 알려져 있으며, 한국에는 약 600종이 분포한다.

크기는 몸길이 1mm 정도의 미세한 것에서 약 30cm에 이르는 것까지 있으나 5~30mm가 보통이다.

걷는 다리가 네 쌍이고, 더듬이 대신 촉지(더듬이다리)가 있으며, 홑눈은 있으나 겹눈이 없다. 머리가슴이 융합되어 한몸으로 되어 있고 배와는 잘록하게 뚜렷이 경계가 되어 있다. 날개가 없으며, 2~3쌍의 실젖이 있다.

몸의 전반부를 구성하는 머리가슴부의 등면은 좀 딱딱한 판으로 덮였는데 이것을 배갑(背甲)이라 한다. 다리가 여덟 개이며, 홑눈은 보통 여덟 개이며, 입은 위턱, 아래턱, 윗입술, 아랫입술의 4부로 되었으며 위턱은 이빨의 구실을 한다. 거미는 먹이를 씹을 수 없고 먹이를 협각(위턱)이라 부르는 구기로 찌른 다음 독액의 작용으로 용해시켜 빨아먹는다.

거미가 한 번에 낳는 알의 수는 100~1,300여 개이지만 타란툴라같이 큰 거미에 속하는 종은 2,000개 이상을 낳기도 한다. 거미는 대부분 알을 실로 만들어진 알주머니 속에 담아 보관한다. 알주머니는 종에 따라 크기와 모양이 다른데 많은 종에서 어미 거미는 알주머니를 만든 후 곧 죽는다. 그러나 어떤 종들은 어미가 알이 부화할 때까지 알을 보호하기도 한다. 거미는 종류에 따라 알주머니를 그물 속에 매달아 놓거나 나뭇잎이나 식물체에 붙여 놓기도 한다. 또 다른 종류는 알주머니를 차고 다니는데, 어떤 것의 암컷은 배에 알주머니를 매달아 끌고 다닌다. 알은 알주머니 속에서 부화하며, 새끼는 날씨가 따뜻해질 때까지 알주머니 속에 있다.

출처: 위키백과사전(2017).

1) 거미 놀이

활동목표 - 거미의 신체 구조에 대해 이해한다.
- 친구들과 함께 이동하며 자신의 대근육을 조절해 본다.
- 놀이에 즐겁게 참여하며 협동심을 기른다.

활동장소 바닥이 평평한 곳

활동시기 봄~가을

활동준비물 나무집게 여러 개

교수방법 놀이하기

활동방법

1. 거미에 대해 이야기를 나눈다.
   - 거미를 본 적이 있니? 거미는 어떻게 생겼니? 다리는 몇 개일까?
   - 어떻게 움직일까?

2. 게임방법을 소개한다.

[활동 1 수준]

〈거미 먹이 구하기〉

① 한 팀당 4명으로 나누고 4명은 한 줄로 서서 앞 사람의 허리를 양팔로 감싼다.

② 4명의 유아는 한 마리의 거미가 되어 함께 돌아다닌다.

③ 맨 앞의 유아에게 집게를 3개씩 준다. 이 집게는 거미의 먹이인 곤충이라고 한다.

④ 거미들은 움직이다가 다른 거미를 만나면 가위바위보를 한다. 이때 이긴 거미는 진 거미의 집게를 하나 가져올 수 있다.

⑤ 활동이 끝나면 각 팀의 곤충 수를 세어 본다.

[활동 2 수준]

〈거미 달리기〉

① 4명이 하나의 거미를 표현한다.

② 반환점을 표시하고(나무에 리본을 묶거나 사람이 서 있어도 괜찮다), 밧줄이나

기다란 나뭇가지로 출발선을 표시한다.

③ 교사는 거미처럼 달릴 때 주의해야 하는 것에 대해 이야기를 한다(앞의 친구를 밀거나 잡아당기지 않기, 다 함께 같은 방향의 발을 앞으로 내딛기, 허리를 잡을 때 앞사람을 꼬집지 않기 등).

④ 거미들은 모두 출발선에 서서 신호와 함께 달리기를 하고 반환점을 돌아온다.

3. 활동을 평가한다.

- 오늘 활동은 어땠니? 무엇이 재미있었니? 어떤 점이 어려웠니?
- 다른 방법으로 진행한다면 어떻게 할 수 있을까?

참고사항

1. 활동 1 수준에서 나무집게 대신 도토리나 나뭇잎으로 먹이를 대체할 수 있다. 단 크기가 크지 않은 것으로 제한하고 유아들이 직접 수집할 수 있도록 한다.
2. 활동 2 수준은 4명의 유아가 협동적으로 움직이는 것이므로 경주보다는 다 함께 이동하는 것에 초점을 맞추어야 한다. 교사는 출발선으로 빨리 들어오기보다는 거미처럼 움직이며 이동할 수 있도록 이야기해 주어야 한다.

2) 거미 관찰하기

활동목표 - 거미의 특징적인 생김새를 관찰한다.
- 거미의 서식지에 대해 조사한다.
- 거미에 대해 궁금한 점을 해결한다.

활동장소 거미가 많은 풀숲, 거미줄이 있는 나무

활동시기 봄~가을

활동준비물 루페, 곤충 관찰통, 거미 도감

교수방법 탐구하기

활동방법

1. 거미줄이 많은 나무로 간다.
    - 얘들아, 이곳에서 무엇이 보이니?
    - (유아들이 거미줄을 발견하면) 이 줄들은 누가 만들었을까?
2. 거미를 관찰해 본다.
    - 거미의 생김새는 어떠니? 거미의 입은 어떤 모양이니?
    - 거미의 눈은 어디에 있니? 눈은 모두 몇 개일까?
    - 곤충과 비교했을 때 같은 점은 무엇이니? 다른 점은 무엇이니?
3. 거미에 대해 궁금한 점을 이야기 나눈다.
    - 거미는 무엇을 먹을까?
    - 거미의 알은 어디에 있니?
    - 거미는 어떻게 집을 지을까?
    - 거미는 어떻게 이동하니?
    - 거미가 없으면 어떻게 될까?
    - 거미 중에 가장 큰 것은 얼마나 될까?
4. 거미 도감이나 인터넷 검색을 통해 궁금한 점을 조사해 보고 그 결과를 함께 이야기 나눈다.

5. 활동을 평가한다.

- 오늘 활동은 어땠니? 무엇이 재미있었니? 어떤 점이 어려웠니?
- 다른 방법으로 진행한다면 어떻게 할 수 있을까?

참고사항

1. 거미는 종류에 따라 나무 사이에 거미줄을 쳐서 그물에 걸린 곤충을 잡아먹거나 풀숲, 꽃잎 사이에 숨어서 지나가는 곤충을 잡아먹기도 한다. 교사는 거미 서식지를 찾을 때 그들의 먹이 사냥을 이해하면 쉽게 파악할 수 있다.
2. 유아들과 거미에 대해 궁금한 점을 조사하는 활동을 통해 과학탐구 능력을 길러 줄 수 있다.
3. 거미 관찰하기가 끝나면 유아들에게 거미를 다시 숲으로 돌려주도록 지도하여 자연과 공존하는 태도를 기를 수 있도록 한다.

3) 거미 만들기

활동목표 - 거미의 생김새에 대해 이해한다.
- 다양한 자연물로 거미를 만들어 본다.

활동장소 앉아서 만들기 활동을 할 수 있는 공간

활동시기 봄~가을

활동준비물 돌멩이, 솔방울, 나뭇가지, 모형 눈알

교수방법 표현하기

활동방법

1. 거미를 만들기 위해 필요한 재료를 수집한다.
   - 거미의 머리와 몸통은 무엇으로 만들 수 있을까?
   - 거미의 다리는 무엇으로 만들 수 있을까?
2. 수집된 자연물로 거미를 만들어 본다.
   - 우리가 관찰했던 거미를 기억해 보고 만들어 보자.
3. 유아가 만든 거미를 자연에 전시하고 함께 감상한다.
4. 또 다른 방법에 대해 이야기 나눈다.
   - 또 다른 방법으로 거미를 표현할 수 있을까?
   - 우리 모두 다 함께 거미를 만든다면 어떤 재료들이 필요할까?
5. 활동을 평가한다.
   - 오늘 활동은 어땠니? 무엇이 재미있었니? 어떤 점이 어려웠니?
   - 다른 방법으로 진행한다면 어떻게 할 수 있을까?

참고사항

확장활동으로 거미 그리기를 제공할 수 있다. 이를 위해서는 거미를 관찰하기 전에 먼저 거미를 그려 보고, 거미를 관찰한 다음 그린 거미 그림과 비교하면 차이점을 잘 알 수 있다. 거미를 관찰하기 전 유아의 그림에는 유아가 생각하는 거미의 모습이 담겨 있지만 거미를 관찰한 이후에는 거미의 생태적 특징이 잘 드러나는 그림을 그릴 수 있게 된다.

4) 거미줄 놀이

활동목표 - 거미줄의 특징에 대해 이해한다.
- 거미줄을 밟고 통과하면서 대 · 소근육 발달과 조절능력을 기른다.

활동장소 거미줄을 설치할 수 있는 튼튼하고 굵은 나무가 있는 지형

활동시기 봄~가을

활동준비물 밧줄 혹은 포장용 끈, 종

교수방법 놀이하기

활동방법

1. 거미줄이 설치된 곳으로 가서 무엇인지 이야기를 나눈다.
   - 이게 뭘까? / 줄이에요. 거미줄 같아요.
   - 왜 여기에 있을까? / 곤충을 잡으려고 함정을 만든 거예요.
   - 이것으로 무엇을 할 수 있을까? / 통과하려고요.
   - 나비나 곤충이 거미줄에 걸리면 어떻게 될까? / 거미줄에 걸리면 움직이지 못해요. 거미가 와서 잡아가요.

2. 놀이방법을 설명한다.
   ① 거미와 곤충팀으로 나눈다.
   ② 거미는 거미줄을 잡거나 밟고 이동할 수 있고 곤충은 거미줄에 몸이 닿지 않도록 조심하면서 이동할 수 있다.
   ③ 종소리에 맞춰 곤충들은 출발점에서 서고, 거미들은 중간중간 거미줄을 잡거나 밟고 있다.
   ④ 곤충은 출발점에서 반대편으로 가는 동안 거미줄에 몸이 닿거나 밟으면 그 자리에 멈춘다. 그러면 거미에게 잡히고 거미의 먹이 저장소에 갇히게 된다. 그러나 거미줄을 무사히 통과하면 거미의 먹이를 구출할 수 있다.
   ⑥ 시간이 다 되면 팀을 바꾸어서 진행한다.
   ⑦ 가장 많은 수의 곤충이 남으면 이긴다.

3. 활동을 평가한다.

- 곤충과 거미는 어떤 사이일까?
  - 곤충은 약하고 거미는 힘이 세요. 거미는 곤충을 잡아먹어요.
- 놀이하면서 불편하거나 바꿨으면 하는 점 있을까?
  - 거미줄에 닿은 친구들이 그냥 지나가요. 거미줄에 자꾸 걸려서 넘어져요.
- 놀이규칙을 바꾼다면 어떻게 바꿀 수 있을까?
  - 곤충이 거미줄 밑으로 통과할 수 있었으면 좋겠어요.

참고사항

〈거미가 거미줄에 걸리지 않은 이유는?〉

1. 파브르의 주장: 거미의 입에서 접착을 방지하는 기름을 분비하고 이것을 다리에 묻히기 때문이다.
2. 1990년대의 주장: 거미줄에는 끈끈이가 없는 세로줄과 들러붙는 가로줄이 있는데 거미는 끈끈이가 없는 세로줄로 이동하기 때문이다.
3. 최근(2010년대)의 주장: 거미의 발에 빽빽하게 난 가늘고 뻣뻣한 강모라는 털 때문에 거미줄의 점액과 마찰 면적이 최소한으로 줄어서 끈끈이가 다리에 묻는 것을 막아 준다. 또한, 거미는 강모에 붙은 끈끈이가 떨어지도록 거미줄에서 발을 조심스럽게 빼는가 하면 몸 표면에는 점착을 막는 화학물질을 지니고 있는 것으로 밝혀졌다.

출처: 인터넷 한겨레뉴스(2012. 3. 30.), 조홍섭의 자연 보따리 중에서

5) 거미줄 만들기

활동목표 - 거미줄을 털실과 나뭇가지로 표현해 본다.
- 소근육의 움직임을 느껴 본다.

활동장소 실내 또는 바닥이 고른 지형

활동시기 봄~겨울

활동준비물 나뭇가지, 털실이나 끈, 사인펜, 고무줄

교수방법 표현하기

활동방법

1. 관찰한 거미줄을 회상하며 이야기를 나눈다.
   - 거미줄을 본 적이 있니? 거미줄은 어떻게 생겼니?
   - 우리가 거미줄을 만든다면 무엇이 필요할까?

2. 준비한 재료를 제시하고 만드는 방법을 알려 준다.
   - 나뭇가지 3개로 십자 모양을 만든 후 고무줄로 가운데를 고정한다.
   - 십자 모양의 중심에 털실이나 끈을 묶고 오른쪽으로 나뭇가지를 돌리며 끈을 이동한다(나뭇가지에 한 번 감고 죽 펴서 다음 나뭇가지에 한 번 감으면서 달팽이 모양을 만든다).
   - 적당하게 둘러 나뭇가지에 묶는다.
   - 나뭇가지에 거미를 그려 주고 이름을 쓴다.

3. 친구들과 함께 자신이 만든 거미줄에 대해 발표한다.

참고사항

유아들이 나무젓가락에 실 묶는 것을 어려워할 수 있지만 지속적으로 실을 묶어 소근육을 움직일 수 있도록 격려한다.

4. 올챙이와 개구리

개구리의 생태적 지식

올챙이는 개구리목 따위의 양서류의 삶의 순환 속에서 전적으로 물의 유생을 두루 일컫는 낱말이다. 동물성 · 식물성 먹이를 먹고 자란다. 논을 비롯한 연못에서 볼 수 있다. 미꾸라지, 게아재비, 학배기(잠자리 애벌레), 물방개 등이 올챙이의 천적이다.

몸은 원 모양에 가깝고 다리는 없으며 꼬리가 발달해 있다. 몸은 머리와 배, 꼬리로 구별할 수 있지만 머리와 배는 눈으로 쉽게 구별하기 힘들다. 배는 크게 부풀어 올라와 있다. 꼬리는 좌우로부터 납작하고 끝이 날카롭다.

개구리는 양서강 개구리목(무미목)에 속하는 개구리를 총칭하며 개구리, 두꺼비, 맹꽁이를 포함한다. 몸이 굵고 짧으며, 목 부분에는 잘록한 부분이 없다. 성체에서는 꼬리가 없어지고 네 다리, 특히 뒷다리가 매우 발달되어 있다. 이들은 다시 선골 · 흉대 · 척추골의 형태상 차이, 앞발가락의 관절골 및 위턱뼈의 이빨 유무, 빨판이나 물갈퀴의 상태 등을 기준으로 분류되어 오늘날 5,000여 종이 알려져 있다. 이 중 원시 개구리는 꼬리가 없어졌음에도 불구하고 꼬리를 움직이는 근육이 남아 있다. 또한, 물에서 살며 새끼를 돌보는 개구리류는 '무설류'라고도 불리는데, 좌우의 유스타키오관이 하나로 되어 인후부에 열려 있다. 먹이는 살아 있는 곤충이며, 황소개구리처럼 생태계가 파괴될 정도로 물고기, 작은 뱀, 토종 개구리 등을 잡아먹는 종류도 있다. 천적으로는 뱀, 때까치, 황새, 물장군(노린재목의 수서곤충으로 개구리 등의 체액을 빨아 먹는다) 등이 있다.

개구리는 겨울이 되면 땅속으로 들어가 겨울잠을 잔다. 주변 온도에 따라 체온이 변하는 변온동물이기 때문이다. 게다가 겨울이 되면 먹이가 되는 곤충들도 사라지기 때문에 겨울잠을 잘 수밖에 없다. 또 개구리는 양서류 동물로서 피부호흡을 하기 때문에 겨울잠을 자야 한다. 그런데 겨울이 되면 물이 얼어버리기 때문에 개구리의 피부는 건조해져서 피부호흡을 못 하게 된다. 그런데 개구리는 겨울잠을 자는 동안 체온이 영하로 내려가도 얼어 죽지 않는다. 체내의 당분 농도가 높아서, 체액의 어는점을 낮추기 때문에 그럴 수 있다. 겨울잠을 자는 개구리는 혈액 1L당 45g의 당분을 지니며, 인간이 혈액 1L당 4g의 당분만 초과해도 당뇨병에 걸리는 것에 비하면 놀라운 수치이다.

출처: 위키백과사전(2017).

청개구리

출처: 위키백과.

두꺼비

출처: 위키백과.

1) 올챙이 꼬리잡기

활동목표 - 신체를 자유롭게 움직여 본다.
- 게임 방법을 이해하고 즐겁게 참여해 본다.

활동장소 평평하고 넓은 곳

활동시기 봄~여름

활동준비물 삼끈(유아 인원수만큼), 나뭇잎(유아 인원수만큼)

교수방법 놀이하기

활동방법

1. 올챙이에 대한 이전 경험 나누기를 한다.
   - 올챙이를 본 적이 있었니?
   - 올챙이는 어떻게 생겼을까?

2. 놀이방법을 설명한다.
   ① 유아들과 함께 넓은 나뭇잎을 한 장씩 수집해 온다.
   ② 삼끈에 나뭇잎(꼬리)을 매달고 유아의 허리에 두른다.
   ③ 교사의 신호와 함께 내 몸에 매달린 나뭇잎(꼬리)을 지키면서 다른 친구의 나뭇잎을 빼앗는다.
   ④ 꼬리가 잘린 유아는 그대로 자리에 앉는다.
   ⑤ 꼬리가 하나도 안 잘린 유아를 축하해 주고, 이제 곧 개구리가 될 거라고 이야기해 준다.
   ⑥ 다시 나뭇잎을 수집해서 활동을 반복한다.
   ⑦ 나뭇잎은 두 장 이상 매달아서 게임을 진행해도 된다.
   ⑧ 활동에 사용한 나뭇잎들은 모아서 '나무에 밥 주기' 활동을 반드시 진행한다.

3. 활동을 평가한다.
   - 오늘 활동은 어땠니? 무엇이 재미있었니? 어떤 점이 어려웠니?
   - 다른 방법으로 진행한다면 어떻게 할 수 있을까?

참고사항

1. 활동을 시작하기 전에 안전을 위해 주의사항(친구의 신체나 옷을 잡아당기지 않기)을 꼭 알려 준다.
2. 올챙이 꼬리에 해당하는 나뭇잎은 게임할 때 뜯어질 수 있으므로 나무에 달린 것보다는 바닥에 떨어진 낙엽을 수집해서 사용하는 것이 좋다.
3. 어린 연령의 유아에게 활동을 제공할 경우 게임의 규칙을 이해시키기보다는 올챙이에게 꼬리가 있고, 다른 친구의 꼬리를 떼어 내는 활동으로 진행하는 것이 더 좋다. 이를 통해 유아는 눈과 손의 협응력을 기를 수 있다.

2) 올챙이 관찰하기

활동목표 - 올챙이의 생김새, 모양, 움직임을 관찰해 본다.
- 올챙이가 사는 곳의 특징에 대해 안다.
- 올챙이의 성장에 관심을 갖는다.

활동장소 올챙이가 서식하는 연못, 습지

활동시기 봄~여름

활동준비물 곤충 관찰통, 수조, 투명 플라스틱병, 개구리 도감

교수방법 탐구하기

활동방법

1. 올챙이가 살고 있는 연못에서 이야기를 나눈다.
   - 이 연못에는 누가 살고 있을까? 어떤 것들이 보이니?
2. 올챙이를 채집한다.
   - 넓은 수조에 올챙이를 채집하고, 유아가 자세히 볼 수 있도록 투명한 용기에 담아 준다.
3. 올챙이를 관찰한다.
   - 올챙이의 모양은 어떠하니? 색깔은 어떠니? 무엇을 하고 있을까?
   - 올챙이의 배는 어떤 색이니? 어떤 모양이야?
4. 올챙이의 궁금한 점에 대해 이야기를 나눈다.
   - 올챙이는 무엇을 먹나요? 올챙이는 어떻게 태어나나요?
   - 올챙이는 자라서 무엇이 되나요? 올챙이를 잡아먹는 동물은 무엇인가요?
5. 궁금한 점에 대해 조사해 본다.
   - 개구리 도감이나 인터넷 검색을 통해 궁금한 점을 조사하고 그 내용을 함께 이야기 나눈다.

6. 올챙이를 놓아준다.
   - 다음번에 왔을 때 올챙이는 어떤 모습이 될까? 교실로 돌아가서 올챙이의 변화된 모습을 생각하며 그림으로 그려 보자.

7. 활동을 평가한다.
   - 오늘 활동은 어땠니? 무엇이 재미있었니? 어떤 점이 어려웠니?

참고사항

봄이 되면 하천, 연못, 습지에 개구리알이 가득하고, 부화한 올챙이도 많다. 이때 올챙이를 채집하고 교실로 가져가서 키울 경우 서식지가 바뀌어서 적응하지 못한 올챙이는 결국 죽음을 맞이한다. 그러므로 관찰이 끝나면 올챙이를 다시 놓아주고, 다음에 다시 방문하여 올챙이가 어떤 모습으로 성장할지 관찰하는 것이 좋다. 정기적으로 서식지를 방문하면 올챙이가 개구리로 변하는 과정을 자세히 관찰할 수 있다.

3) 개구리 릴레이

활동목표 - 개구리의 움직임에 대해 이해한다.
- 게임 활동을 통해 이동운동을 경험해 본다.

활동장소 바닥이 평평한 지형

활동시기 봄~여름

활동준비물 바구니, 출발선용 줄

교수방법 놀이하기

활동방법

1. 개구리에 대해 이전 경험 나누기를 한다.
   - 개구리를 본 적이 있니? 개구리는 어떤 모습이니?
   - 어떤 특징을 가지고 있을까?

2. 놀이방법을 설명한다.
   ① 두 팀으로 나누어서 한 줄로 선다.
   ② 출발선을 밧줄로 표시하고, 반환점 나무를 정한다.
   ③ 개구리 얼굴로 꾸민 바구니를 머리에 쓰고, 반환점 나무를 손으로 건드리고 되돌아와서 다음 친구의 머리에 바구니를 씌어 주면, 그다음에는 머리에 바구니를 쓴 유아가 달려가는 릴레이 경주를 진행한다.
   ④ 차례가 끝난 유아는 달리는 유아를 위해 응원하거나 바구니 쓰는 것을 도와줄 수 있다.
   ⑤ 먼저 들어 온 팀을 축하해 주고, 열심히 경기에 임한 상대 팀도 격려해 준다.
   ⑥ 2~3회 정도 반복하여 진행한다.

3. 활동을 평가한다.
   - 오늘 활동은 어땠니? 무엇이 재미있었니? 어떤 점이 어려웠니?
   - 다른 방법으로 진행한다면 어떻게 할 수 있을까?

참고사항

1. 이 활동은 승패가 있는 활동이어서 자칫 경쟁심을 부추기며 갈등 상황을 야기할 수 있다. 교사는 이기고 지는 것은 실력도 있지만 운이 따라야 한다고 이야기해 주며 경쟁이 과열되지 않도록 주의한다.
2. 연령이 어린 유아들은 두 팀으로 나누어서 경기를 하기보다는 개구리처럼 멀리 뛰어보기, 개구리처럼 뛰어서 반환점 돌아오기 활동을 하는 것이 더 좋다.

4) 개구리 관찰하기

활동목표 - 개구리의 생김새, 모양, 움직임을 관찰해 본다.
- 개구리에 대한 궁금증을 조사해 본다.

활동장소 개구리가 서식하는 습지, 연못

활동시기 여름~가을

활동준비물 투명한 플라스틱 용기, 수조, 개구리 도감, 개구리 영상

교수방법 탐구하기

활동방법

1. 개구리가 살고 있는 연못이나 습지에서 이야기를 나눈다.
   - 우리가 지난번 관찰했던 올챙이는 어떻게 되었을까?
2. 스마트폰이나 태블릿PC로 개구리 영상을 보여 준다.
   - 개구리가 무엇을 하고 있니?
   - 개구리의 울음소리는 어떠니?
   - 개구리의 생김새는 어떠니?
   - 어떻게 움직이고 있니?
3. 개구리를 채집한다.
   - 투명한 플라스틱 용기나 넓은 수조에 개구리를 채집하고, 유아가 자세히 관찰할 수 있도록 한다.
4. 개구리의 궁금한 점에 대해 이야기를 나눈다.
   - 개구리는 무엇을 먹나요?
   - 개구리는 어디에서 잘까요?
   - 개구리는 어떻게 물에서 헤엄치나요?
   - 개구리를 잡아먹는 동물이 있나요?
   - 개구리는 우리에게 무엇을 주나요?

5. 궁금한 점을 조사해 본다.
   - 개구리 도감이나 인터넷 검색을 통해 궁금한 점을 조사하고 그 내용을 함께 이야기 나눈다.
6. 개구리 놓아준다.
   - 개구리가 즐겁게 살 수 있도록 다시 자연으로 돌려주자.
7. 활동을 평가한다.
   - 오늘 활동은 어땠니? 무엇이 재미있었니? 어떤 점이 어려웠니?

참고사항

개구리는 주로 저녁에 먹이 사냥을 하기 때문에 오전이나 낮에 숲을 방문하는 유아들이 개구리를 관찰하기가 쉽지 않다. 그러므로 개구리에 대한 영상이나 책을 보여 주는 활동을 병행하는 것이 좋다. 만일 개구리 관찰이 어려울 경우 활동을 종료하고 자유놀이시간을 제공하거나 유아들이 원하는 활동으로 대체한다. 유아들이 지속적으로 숲에 방문하게 되면 주제와 상관이 없을 때 개구리를 발견할 수도 있는데, 그럴 때는 계획된 활동 대신 개구리를 관찰할 수도 있다.

5. 지렁이

지렁이의 생태적 지식

지렁이는 지렁이아강의 환형동물을 의미한다. 흙 속이나 호수, 하천, 등에 살고 있으며, 전 세계에 약 3,100종이, 한국에는 60종 내외가 서식하고 있다.

몸은 길쭉하고 환대를 중심으로 가까운 쪽이 머리이며 입이 있다. 반대쪽에는 항문이 열려 있다. 폐나 아가미가 없으며, 흙 알갱이 사이에 있는 공기를 피부를 통해 모세혈관으로 받아들여 호흡한다. 지렁이의 몸은 여러 마디로 이루어졌는데 이것을 환절이라고 한다. 몸의 각 환절에는 강모들이 배열되어 있으며, 같은 환형동물인 다모류(갯지렁이류)에 비해 강모의 수가 적어서 빈모류라고 한다.

지렁이는 몸의 앞부분을 늘리면서 흙을 밀어낸 다음 뒷부분을 끌어당기는 방법으로 움직인다. 강모는 미끄러지지 않도록 해 준다.

생식기가 되면 몸 앞부분의 환절 3~5개가 합쳐져서 색이 변하는데 이 부분을 환대라고 한다. 암수한몸인 지렁이는 수정한 후 두 마리 모두 알을 낳을 수 있다. 지렁이의 수명은 3~4년이고, 1년에 열 개에서 수백 개의 알을 낳는다.

지렁이는 썩은 나뭇잎이나 동물의 똥, 흙 속의 세균이나 미생물 등 유기물질을 먹고 분해한다. 이는 다른 동물들의 좋은 먹이가 된다. 먹이를 섭취한 후 10~20시간 후 땅 위로 항문을 들어 배설을 하는데, 이것은 거름 성분으로 쓰이는 좋은 유기물들이 포함되어 있어서 땅을 비옥하게 만들어 준다. 또한, 흙 속을 기어다니므로 식물들의 뿌리가 호흡하기에 좋은 상태를 만들어 주기 때문에 생태계에서 매우 중요한 역할을 하고 있다.

비가 오는 날 지렁이가 많이 보이는 이유는 땅속에 물이 가득 차면 호흡을 할 수 없어서 땅 밖으로 나오기 때문이다.

지렁이의 천적으로는 두더지, 개구리와 같은 양서류, 새, 설치류, 육식성 거머리, 딱정벌레, 지네, 여치, 사마귀 같은 육식성 동물 등으로 먹이사슬의 최하위권에 있다.

출처: 위키백과.

환대가 있는 어른 지렁이
출처: 네이버 지식백과.

짝짓기를 하고 있는 지렁이
출처: 네이버 지식백과.

1) 지렁이 관찰하기

활동목표 - 지렁이 서식지의 특징을 알고, 지렁이의 생김새를 관찰해 본다.

활동장소 흙바닥

활동시기 여름~가을

활동준비물 모종삽, 투명 플라스틱 통, 분무기

교수방법 탐구하기, 교감하기

활동방법

1. 수수께끼로 주제에 대한 흥미를 유발한다.
   - 나는 누구일까요? 나는 몸이 길쭉하고, 흙 속에 살아요.
   - 나는 흙 이곳저곳을 기어다니며 굴을 파는 것을 좋아해요.
   - 그래서 식물들이 뿌리로 물을 먹기가 좋데요.
2. 지렁이를 관찰하기 위한 방법에 대해 이야기 나눈다.
   - 지렁이는 어디에 살고 있을까?
   - 지렁이를 관찰하기 위해서는 무엇이 필요할까?
   - 지렁이를 채집할 때 주의해야 할 점은 무엇일까?
3. 지렁이를 채집하고 투명 플라스틱 통에 넣은 후 관찰해 본다.
   - 지렁이의 생김새는 어떠하니?
   - 지렁이의 얼굴은 어디일까? 엉덩이는 어디일까?
   - 지렁이는 무엇을 하고 있니?
4. 지렁이를 손에 올려놓고 교감해 본다.
   - 지렁이를 만져 보고 싶은 사람이 있니? 우리 손 위에 지렁이를 올려놓고 10을 셀 동안 가만히 기다려 볼 거야. 어떤 느낌인지 한번 느껴 보자. (이때 교사는 유아의 손 아래에 손을 받치고, 혹시 지렁이를 떨어뜨릴 때 잘 받도록 한다.)
   - 징그러워서 못할 것 같은 친구들은 안 해도 된단다.
   - 지렁이를 만져 보니 느낌이 어때?

5. 지렁이에 대해 궁금한 점을 이야기 나눈다.
   - 지렁이에 대해 궁금한 점이 있나요?
   (예상되는 유아의 답변 : 지렁이가 무엇을 먹어요? 지렁이가 사는 집 모습이 궁금해요. 몸이 잘린 지렁이는 어떻게 되나요? 지렁이는 얼마나 살아요?)

6. 지렁이 관련 책을 찾아보거나 휴대폰에서 유아의 질문에 대한 답변을 찾아보고 정보를 수집해 본다.
   - 지렁이는 썩은 나뭇잎이나 동물의 똥을 먹고 똥을 싸며 흙을 건강하게 만든다고 해. 이런 흙은 씨앗들이 건강하게 자랄 수 있도록 해 준다고 하는구나. 그래서 지렁이가 많이 사는 곳에서는 농부들이 농사를 더 잘 지을 수 있대. 지렁이는 이 숲에 없어서는 안 되는 중요한 동물이야.

7. 관찰이 끝난 지렁이를 자연으로 돌려준다.
   - 지렁이 발견한 곳을 기억하니? 그곳에 지렁이를 놓아 주고 흙으로 잘 덮어 주자.
   - 우리에게 많은 것을 보여 준 지렁이에게 고맙다고 말해 보자.

8. 활동을 평가한다.
   - 지렁이를 관찰하고 알게 된 점은 무엇이니?
   - 지렁이를 관찰하면서 어려웠거나 힘들었던 점은 무엇이니?

참고사항

1. 지렁이를 손바닥에 올려놓고 교감해 보는 것은 아이들이 자연에 대해 좀 더 친밀감을 느껴보도록 하기 위함이다. 이때 주의할 점은 '지렁이가 손 위에 있으면 금방 타 죽는다' 식의 부정적인 상호작용이다. 부정적인 이야기를 자주 들은 유아는 자연을 거부하고 잘못된 선입견을 가질 수 있기 때문이다. 오히려 긍정적으로 "우리가 지렁이를 오래 만지면 지렁이가 힘들 수 있으니까 10을 셀 동안만 손바닥에 올려놓고 자세히 관찰해 보자. 관찰이 끝나면 다시 흙으로 돌려주자."라고 하는 것이 좋다.
2. 지렁이가 흙 위에 똥을 싼 흔적이 있는지 함께 찾아보는 것을 추가해도 좋다.

2) 지렁이 만들기

활동목표 - 지렁이를 창의적으로 표현해 본다.
- 지렁이의 역할을 이해하고 지렁이를 소중히 여긴다.

활동장소 흙바닥

활동시기 여름~가을

활동준비물 우산 비닐처럼 길쭉한 비닐 여러 개, 유성매직, 이쑤시개, 물

교수방법 표현하기, 놀이하기

활동방법

1. 지렁이의 생김새에 대해 이야기 나눈다.
   - 우리가 관찰했던 지렁이는 어떤 모양이니?
   - 무늬는 어땠어? 지렁이 몸에서 발견한 것은 어떤 것이었니?
2. 길쭉한 비닐에 나만의 지렁이를 상상하며 유성매직으로 그려 본다.
   - 내가 생각하는 나만의 지렁이를 이 비닐에 그려 보자.
3. 유아들이 자신이 표현한 지렁이를 친구들에게 소개할 수 있도록 한다.
   - 다 그린 친구들은 친구들에게 소개해 주자.
4. 또 다른 방법에 대해 이야기 나눈다.
   - 또 다른 방법으로 지렁이를 표현할 수 있을까?
   - 우리가 다 함께 지렁이를 만든다면 어떤 재료들이 필요할까?
5. 활동을 평가한다.
   - 활동 중 어렵거나 힘들었던 점이 있었니?
   - 다시 해 본다면 어떻게 해 보고 싶니?

참고사항

1. 비닐 대신 못 쓰는 스타킹이나 긴 양말에 지렁이를 표현해 보아도 좋다.
2. 표현하기 활동에서는 자신이 표현한 지렁이를 발표해 보고, 친구들의 이야기를 듣는 감상하기 활동을 운영하도록 한다.
3. 표현활동이 끝나면 물 지렁이 놀이로 연계해서 운영하는 것이 좋다.

3) 물 지렁이 놀이

활 동 목 표 - 지렁이 움직임의 특징을 안다.
- 친구들과 즐겁게 놀이에 참여해 본다.

활 동 장 소 평평한 지형

활 동 시 기 여름~가을

활동준비물 밧줄

교 수 방 법 놀이하기

활 동 방 법

1. 지렁이의 먹이에 대해 이야기 나눈다.
   - 납작한 지렁이가 배가 고프대. 지렁이는 무엇을 먹을까?
   - 우리가 먹이를 준다면 어떻게 할 수 있을까?
2. 비닐의 한쪽 면에 낙엽과 흙을 넣고 주물럭거린 후 반대편으로 나오게 하며 지렁이가 먹고 배설하는 과정을 경험하도록 한다.
   - 지렁이가 먹은 흙과 낙엽은 어떻게 되었니?
   - 지렁이의 똥이 흙과 섞이면 어떻게 될까?
3. 비닐에 물을 넣고 입구를 묶은 후 물 지렁이 놀이를 해 본다.
   - 우리가 만든 물 지렁이로 길을 만든다면 어떻게 할 수 있을까?
   - 물 지렁이를 어떻게 해 보고 싶니? 물 지렁이로 어떤 놀이를 해 보고 싶니?
4. 물 지렁이의 한쪽을 이쑤시개로 찌른 후 흘러나오는 물로 놀이를 해 본다.
   - 물 지렁이의 한쪽을 이쑤시개로 찌르면 어떤 일이 벌어질까?
   - 물 지렁이를 이쑤시개로 여러 번 찌르면 어떤 일이 벌어질까?
   - 물 지렁이에서 나오는 물로 꽃과 나무에 물을 주자.
5. 지렁이가 숲에서 하는 일에 대해 이야기를 나눈다.
   - 지렁이는 어떤 일을 할까?
   - 누가 지렁이에게 고마움을 느낄까?

참고사항

1. 지렁이는 흙과 낙엽을 먹고 소화한 후 배설하며 흙을 더욱 기름지고 비옥하게 만든다. 흙에 뿌리를 내리고 살아가는 식물들은 지렁이 덕분에 영양분을 섭취하여 잘 성장할 수 있게 된다.
2. 물 지렁이에 구멍을 뚫은 후 물총놀이를 할 수도 있다. 이때는 충분히 놀이에 참여할 수 있도록 지도하고, 활동이 끝나면 젖은 옷을 갈아입힌다.

6. 새

새의 생태적 지식

새는 비행이 가능하고, 허파로 호흡하는 항온동물이며 조류라고도 한다.

감각기관 중 시각과 청각이 매우 발달되어 먹이 사냥을 하거나 천적으로부터 몸을 지키는 등 생존에 큰 영향을 미친다.

아름다운 색깔과 모양의 깃털은 이성을 유혹하는 역할을 하며, 방수 및 체온 유지 효과가 있고, 새의 구별 기준이 된다.

새는 종류에 따라 8,800~10,200종이 분포하며, 가장 작은 종은 벌새, 가장 큰 종은 타조이다.

새는 한곳에 머무르며 서식하는 텃새와 계절에 따라 이동하는 철새로 나뉘고, 단거리로 이동하는 새를 떠돌이새, 먼 길을 가기 위해 잠시 머무르는 새를 나그네새라고 한다. 우리나라에서 서식하는 텃새로는 참새, 까마귀, 까치, 박새, 꿩, 올빼미, 박새, 수리부엉이, 멧비둘기, 어치, 딱따구리 등이 있다. 여름 철새로는 제비, 두견새, 뻐꾸기, 꾀꼬리, 파랑새, 저어새, 백로 등이 있고, 겨울 철새로는 기러기류, 오리류, 두루미류, 개똥지빠귀 등이 있다. 도요새나 물떼새류는 동아시아에서 호주로 이동하기 때문에 우리나라에 잠시 머물다가는 나그네새에 속한다.

새의 먹이는 종류에 따라 곤충(애벌레), 열매, 쥐, 물고기, 꿀, 작은 새, 작은 동물 등 다양하다. 특히, 1년 동안 먹는 곤충이 8만 마리 정도이기 때문에 나무와 인간을 위한 해충 구제에 기여를 하는 동물이다.

출처: 위키백과

목욕 중인 새들

박새

박새 둥지와 알

1) 탁란이 뭐예요?

활 동 목 표 - 탁란의 의미를 이해하고, 탁란을 하는 새에 관심을 갖는다.

활 동 장 소 의자, 잔디밭, 바닥이 평평해서 유아들이 앉을 수 있는 곳

활 동 시 기 여름~가을

활동준비물 그림책 『뻐꾸기 엄마』, 뻐꾸기 그림 카드, 뻐꾸기 울음소리(교구)

교 수 방 법 탐구하기

활 동 방 법

1. 그림책 『뻐꾸기 엄마』를 들려준다.

> 하루 종일 알을 지키던 어미 새가 잠깐 먹이를 잡아먹고 다시 둥지로 돌아오니 작고 어여쁜 알들 옆에 커다란 알 하나.
> "버리고 갔구나! 불쌍하게도……" 엄마는 그 커다란 알도 끌어안았어.
> 커다란 알에서 커다란 아기 새가 깨어났는데, 눈도 아직 뜨지 못한 그 아기 새는……(중략)
>
> (동화 내용 일부 발췌)
>
> 
>
> ※ 『뻐꾸기 엄마』 이형진 글 · 그림 / 느림보(2010)

2. 그림책의 내용을 회상한다.
   - 엄마 새는 몇 개의 알을 낳았니?
   - 알을 품은 엄마 새는 어떤 마음이었을까?
   - 둥지에는 어떤 일이 일어났니? 커다란 아기 새는 왜 그랬을까?
   - 그 모습을 지켜본 엄마 새의 마음은 어땠을까?
   - 마지막에 엄마 새는 아기 새를 어떻게 해 줬니?
   - 앞으로 엄마 새와 아기 새는 어떻게 될까?
3. 탁란하는 새(뻐꾸기)에 대해 이야기를 나눈다.
   - 다른 새의 둥지에 알을 낳는 것을 '탁란'이라고 하는데, 뻐꾸기가 다른 새의 둥지에 알을 낳는단다.

- 뻐꾸기는 우리나라에서 봄과 여름을 보내는 철새란다.
- 뻐꾸기를 본 적이 있니? (뻐꾸기 사진을 보여 준다.)
- 뻐꾸기는 비둘기보다 좀 크고 몸은 흰 바탕에 회색 가로무늬가 있어.
- 소리를 들어본 적이 있니? (뻐꾸기의 소리를 들려준다.)
- 어떻게 우는 것 같아. 우리도 뻐꾸기 울음소리를 내 볼까?
- 뻐꾸기는 왜 다른 새의 둥지에 알을 낳는 것일까?

4. 탁란에 대해 궁금한 점을 찾아본다.
   - 탁란에 대해 궁금한 점을 알아보자. 너희들은 어떤 것이 궁금하니?
   - (예상되는 유아의 답변: 뻐꾸기 말고 탁란하는 새가 있는지 궁금해요. 뻐꾸기는 무엇을 먹어요? 뻐꾸기가 알을 낳은 곳은 어떤 새의 둥지예요? 다른 알들은 어떻게 돼요?)

5. 활동을 평가한다.
   - 오늘 무엇을 알게 되었니?

참고사항

1. 뻐꾸기처럼 다른 둥지에 탁란하는 또 다른 새는 두견새, 매사촌, 탁란찌르레기, 검은머리오리가 있다. 이 새들은 모두 월동을 위해 이동하는 철새이므로 한 장소에 머무는 시간이 짧다. 그래서 생존을 위해 탁란을 선택하는 것인지도 모른다.
2. 탁란을 위해서는 알 색이 비슷한 둥지에 낳아야 한다. 만일 엉뚱한 곳에 알을 낳으면 둥지의 주인 새가 이상한 알이라 생각하고 파서 먹어버릴 수도 있다.
3. 탁란을 통해 유아들은 자연의 섭리를 이해하게 되고, 선입견 없이 자연의 세계를 받아들이게 된다.

빼꾸기
출처: 나무위키.

아기 빼꾸기에게 먹이를 주며 돌봐주는 붉은머리오목눈이
출처: 나무위키.

2) 우리 주변에 사는 새예요

활동목표 - 새의 울음소리와 새의 모습을 탐색해 본다.
- 우리 주변에 사는 새에게 관심을 가진다.
- 친구들과 놀이에 즐겁게 참여해 본다.

활동장소 의자가 있는 곳 혹은 바닥이 평평한 곳

활동시기 여름~가을

활동준비물 새 울음소리 교구, 새 사진 자료, 새 가위바위보 카드

교수방법 탐구하기, 놀이하기

활동방법

〈탐구하기〉

1. 새 사진 자료와 새 울음소리 교구를 보여 주며 이야기를 나눈다.
   - 우리 주변에 살고 있는 새에 대해 알아보자.
   - (새 사진 자료를 보여 주며) 이 새는 어떻게 생겼는지 살펴보자. (생김새, 털의 색이나 무늬, 다리의 모양과 부리의 모양 색 등 다양하게 살펴보며 이야기 나눈다.)
   - 이 새의 울음소리를 들려줄게. (새 울음소리 교구를 누른다.)
   - 어떻게 우는 것 같니? 우리도 한번 따라 해 볼까?
2. 유아들이 직접 탐색하도록 한다.
   - 모둠을 나눠서 새 울음소리와 새를 관찰해 보자.
   - 울음소리를 듣고 새 사진 카드를 찾아보자.
3. 탐색한 결과에 대해 이야기를 나눈다.
   - 새들의 울음소리는 어떠했니? 새 사진을 탐색하며 알게 된 점은 무엇이니?

〈놀이하기〉

1. 가위바위보의 그림이 그려진 새 카드를 3개씩 나눠 준다.
2. 자신의 카드를 확인한 후 옆 사람과 가위바위보를 한다. 가위바위보에서 이긴 사람

에게 진 사람이 카드 1장을 준다.

3. 카드를 가장 많이 획득한 유아를 찾아본다.

참고사항

1. 새는 숲에 많이 서식하고 있지만 유아들이 가까이에서 볼 수 없기 때문에 새 사진 자료나 새소리 교구 등을 활용하면 풍부한 활동이 될 수 있다.
2. 새 울음소리를 미리 녹음해서 휴대폰으로 들려줄 수도 있고, 새소리 교구를 구입하여 사용할 수도 있다. 새소리 교구는 에코샵홀씨 사이트(https://wholesee.com)에서 구입할 수 있다.
3. 새 가위바위보 카드를 교사가 제작할 수도 있으나 판매하는 교구를 활용할 수도 있다. 니스몰 사이트(https://nepoeco.com)에서 구입할 수 있다.

3) 새 둥지 만들기

활동목표 - 새가 둥지를 짓는 방법에 대해 안다.
- 다양한 자연물로 새 둥지를 구성해 본다.

활동장소 평상, 의자가 있는 곳

활동시기 여름~가을

활동준비물 새 집 사진 자료, 찰흙, 나뭇가지, 종이 새, 나무꽂이, 동그란 열매, 종이접시

교수방법 표현하기

활동방법

1. 새 둥지에 대해 이야기를 나눈다.
   - 새 둥지를 본 적이 있니? 새 둥지는 어떤 모양이니?
   - 새는 무엇을 가지고 어떻게 둥지를 만들까?
   - 새들은 왜 둥지를 만드는 것일까?
2. 새 집 사진 자료를 보면서 새들이 둥지를 만드는 과정에 대해 이야기해 준다.
   - (까치 둥지 사진을 보여 주며) 이 새는 무엇으로 집을 만들까? 어떻게 만든 걸까?
   - (박새 둥지 사진을 보여 주며) 이 새는 무엇으로 집을 만들까? 어떻게 만든 걸까?
   - (제비 둥지 사진을 보여 주며) 이 새는 무엇으로 집을 만들까? 어떻게 만든 걸까?
   - (딱따구리 둥지 사진을 보여 주며) 이 새는 집을 어떻게 만든 걸까?
3. 새 둥지에 사용되는 재료들을 수집해 본다.
   - 우리도 새 둥지를 만들려고 하는데, 어떤 재료들이 필요할까?
   - 지금부터 필요한 재료들을 수집해 보자.
4. 새 둥지를 만들어 본다.
   - 찰흙이 담긴 종이접시를 하나씩 나눠 주고, 유아들이 수집한 나뭇가지나 나뭇잎 등도 함께 올린다.
   - 찰흙을 활용해서 자연물들이 서로 붙을 수 있도록 만들어 본다.
   - 새 모양 종이에 나무꽂이를 연결한 후 둥지에 꽂아서 새가 둥지에 있는 모습을 표

현해 본다.

- 열매나 돌멩이로 알을 표현해 본다.

5. 자신이 만든 새 둥지를 친구들에게 소개하고 숲에 전시해 본다.

참고사항

유아들이 새가 둥지를 짓는 과정을 직접 관찰할 수 없으니 새들이 집을 짓는 장면을 촬영한 영상물을 5~10분 정도로 편집한 후 숲에서 태블릿PC 혹은 아이패드로 보여 주면 도움이 된다. 이러한 활동을 도입으로 활용하면 유아들에게 새 집에 대한 관심을 불러일으키고, 새 집 짓기에 대한 동기 유발이 될 것이다.

3 식물을 주제로 한 유아숲체험교육

1. 나무

나무의 생태적 지식

나무는 숲에서 가장 쉽게 눈에 띄는 자연물이고 우리의 삶에 가장 밀접한 자연이다.

목본식물을 의미하며, 뿌리, 줄기, 가지, 잎, 꽃, 열매 등으로 구성되었다.

크기에 따라 가지가 여러 개이고 3~6m로 자라는 키가 작은 나무를 관목, 줄기가 굵고 높이 자라는 나무를 교목이라고 부른다.

나무의 이름은 식물체의 형태(식물기관의 모양, 잎 모양과 수, 꽃 모양)와 식물체의 색깔(꽃, 잎, 식물기관의 색), 그리고 식물의 특성, 생장 및 생태적 특징, 인간 생활과의 관계에 따라 생성되었다. 나무는 씨앗이 땅에 떨어진 후 온도와 습도가 적절해야만 싹을 틔우고 짧게는 20년에서 길게는 1,000년이 넘게 부피성장과 높이성장을 한다.

나무는 숲을 이루는 데 매우 중요한 요소로서, 다양한 생명체가 살 수 있는 공간과 풍부한 먹이를 제공한다.

일반적으로 다양한 종류의 나무들로 구성된 혼합림은 건강한 숲을 의미한다. 이러한 혼합림은 하루아침에 이루어지는 것이 아니라 '천이과정'을 통해 만들어진다. 제일 처음 아무것도 없는 땅(나지 상태)에 지의류나 이끼류가 서식하고 그다음에 한해살이풀과 여러해살이풀이 땅을 메우다가 그다음으로 키가 작은 관목들과 양수성의 키 큰 소나무가 숲을 이루며 혼합림이 구성되게 된다. 이곳에 음수성인 활엽수들이 함께 공존하게 되는데, 소나무보다 빛을 더 필요로 하는 활엽수는 결국 소나무를 멸종시키고 활엽수들로 가득 찬 숲은 나무 아래쪽까지 내려가는 빛을 차단하여 모든 생명체를 파멸시키고 다시 아무것도 없는 나지 상태로 돌아간다. 이렇게 숲이 변화하는 것을 숲의 천이과정이라고 하며, 이러한 천이과정은 계속해서 돌고 돌아 숲을 변화시킨다.

유아들이 숲에서 쉽게 만나는 나무는 다양한 감각을 자극하고 다양한 생명체를 관찰하게 하는 좋은 교수매체이다. 또한, 커다랗고 높이 자라는 나무들은 유아의 모험심과 도전감을 자극하여 나무에 오르고 뛰어내리게 하여 신체발달을 도와준다.

출처: 남효창(2010). 나무와 숲.

1) 나무 나무 바꿔라

활동목표 - 신체의 각 부분을 조절하며 움직인다.
- 나무와 나무 사이를 뛰어다니며 이동운동을 해 본다.

활동장소 바닥이 고르고 교목이 있는 곳

활동시기 봄~겨울

활동준비물 나무

교수방법 놀이하기

활동방법

1. 숲에 인사한다.
   - 여기에서 가장 많이 보이는 게 무엇이니? 나무에 인사할까?

2. 스토리텔링을 통해 활동을 설명한다.

   "모든 나무에는 나무를 보호해 주는 요정이 살고 있는데, 이 요정들은 나무괴물을 아주 무서워한대. 왜냐하면 나무괴물이 나타나서 '나무 나무 바꿔라'라는 주문을 외우면 나무요정들은 다른 나무로 옮겨야 하는데 이때 잘못하면 나무괴물에게 잡혀서 나무괴물이 되기 때문이야. 그렇지만 괴물의 노래가 끝났을 때 나무에 손을 대고 있으면 나무요정은 잡히지 않을 수 있어. 그리고 자신을 살려준 나무를 정성껏 보호해 주고 가꾸어 주었단다."

   - 교사가 먼저 나무괴물이 되고 유아들은 요정이 되어 마음에 드는 나무에 가서 나무를 꼭 안는다.
   - 교사가 "나무 나무 바꿔라!"라고 세 번씩 주문을 외운다.
   - 주문이 끝날 때까지 요정들은 다른 나무로 이동하고 교사는 미처 나무에 도착하지 못한 유아를 잡는다.
   - 교사에게 잡힌 유아는 나무괴물이 되어서 함께 요정을 잡으러 다닌다.

3. 역할을 바꾸며 계속 진행한다.

4. 활동에 대해 이야기를 나눈다.

- 오늘 활동은 어땠니? 무엇이 재미있었니? 어떤 점이 힘들었니?
- 다른 방법으로 진행한다면 어떻게 할 수 있을까?

참고사항

이 활동은 유아가 자연스럽게 나무를 만지고 탐색할 수 있는 활동이므로 활동이 끝난 후 나무 관찰하기로 확장하여 진행하면 효과적이다.

2) 나무와 교감하기

활동목표 - 나무를 탐색하고 느낌을 이야기한다.
- 나무가 살아 있는 생명체임을 인식한다.
- 나무에 감정이입을 해 본다.

활동장소 나무가 있는 곳

활동시기 봄~겨울

활동준비물 나무, 그림책『나무는 좋다』

교수방법 교감하기

활동방법

1. 그림책『나무는 좋다』를 읽어 준다.

나무는 매우 좋다. 나무는 하늘을 한가득 채운다. 나무는 강가에도 벋고 계곡 아래에도 벋는다. 나무는 언덕 위에서도 자란다. 나무는 숲을 이룬다. 나무는 세상을 아름답게 한다.
나무가 딱 한그루밖에 없다 해도, 그래도 좋다. 나무는 잎이 있어서 좋다. 나뭇잎들은 여름 내내 산들바람에 흔들리며 속삭인다. 가을에 잎이 떨어지면 우리는 낙엽 속에서 논다. 우리는 낙엽을 밟기도 하고 그 위에서 뒹굴기도 한다. 우리는 낙엽으로 집을 짓는다. 그리고 낙엽을 긁어모아 모닥불도 피운다.

(동화 내용 일부 발췌)

※『나무는 좋다』 마르크 시몽 그림 · 재니스 메이 우드리 글 / 강무홍 옮김 / 시공주니어(1997)

2. 주변의 나무를 둘러본다.
   - 여기에 있는 나무를 살펴보자. 어떤 나무가 가장 마음에 드니? 이유가 뭘까?

3. 가장 마음에 드는 나무에 가서 탐색해 본다.
   - 너희들이 마음에 드는 나무에 가 보자.
   - 꼭 안아 주자. 어떤 느낌이 나니? 볼을 비벼 보자. 어떤 느낌이 나니?
   - 냄새를 맡아 보자. 어떤 냄새가 나니? 맛을 보자. 어떤 맛이 느껴지니?

4. 나무와 이야기를 나눈다.

- 나무에 인터뷰를 해 보자.
- (예상되는 유아의 답변: 나무야, 너는 몇 살이니? 너는 어떻게 태어났니? 불편한 곳은 있니? 나무야. 너는 지금 행복하니?)

5. 자신이 한 인터뷰 내용을 친구들과 서로 나눈다.

3) 나뭇가지로 놀자!

활 동 목 표 - 나뭇가지를 이용한 창의적 놀이 활동에 즐겁게 참여한다.
- 나뭇가지를 만지고 탐색해 본다.

활 동 장 소 경사가 완만하고 평평한 곳

활 동 시 기 봄~겨울

활동준비물 다양한 길이의 나뭇가지

교 수 방 법 놀이하기

활 동 방 법

1. 주변의 나뭇가지를 수집한다.

2. 세 가지의 나뭇가지 놀이를 유아의 흥미, 참여도, 수준에 맞춰 진행한다.
수준이 쉬운 활동이다.

1) 나뭇가지 주고받기
- 둘씩 짝을 지어 마주 본다.
- 구령에 맞춰 상대의 나뭇가지를 잡는다. 이때 한 손으로는 나뭇가지를 친구에게 잘 전달하고 다른 한 손으로는 친구의 나뭇가지를 잘 잡아야 한다.
- 짝꿍의 나뭇가지를 못 잡고 떨어뜨리면 얼른 줍고 다시 시작한다.
- 짝을 바꾸어서 계속 진행한다.

2) 내 나뭇가지 찾기
- 각자 자기 팔 길이보다 조금 더 긴 나뭇가지를 구해 온다.
- 원으로 둘러선 후 자기 나무의 촉감과 길이, 향기 등을 자세히 살피고 눈을 감는다.
- 눈을 감고 나무를 살펴본 후 옆으로 나뭇가지를 이동한다.
- 나뭇가지가 계속 돌고, 자기 나뭇가지를 찾으면 자기 앞에 놓는다.
- 모든 유아가 자기 나뭇가지를 찾을 때까지 계속한다.

3) 나뭇가지 이동하기

- 동그랗게 둘러선다.
- 자기 나뭇가지를 한 손으로 잡고 구령에 맞추어 옆 사람 나뭇가지를 쓰러뜨리지 않게 잡으며 옆으로 이동한다.
- 나뭇가지를 가지고 다시 원을 만들어 서게 한 후 흥겨운 노래에 맞추어 돌게 한다.
- 나뭇가지를 잡지 못한 유아는 벌칙으로 노래 부르기나 엉덩이로 이름 쓰기를 수행한다.

3. 활동에 대해 평가한다.

- 오늘 활동은 어땠니? 무엇이 재미있었니? 어떤 점이 힘들었니?
- 다른 방법으로 진행한다면 어떻게 할 수 있을까?

4) 나무의 거리 측정하기

활동목표 - 나무의 거리를 어림해 본다.
- 나무의 거리를 임의의 단위로 측정해 본다.
- 나무가 잘 성장하기 위해서는 적당한 간격이 있어야 함을 안다.

활동장소 나무와 나무 사이에 간격이 좀 있는 장소

활동시기 봄~겨울

활동준비물 다양한 종류의 끈, 줄, 같은 길이의 나뭇가지, 다양한 자연물

교수방법 탐구하기

활동방법

1. 주변의 여러 그루의 나무를 탐색해 본다.
   - 우리 주변의 나무를 살펴보자.
   - 나무의 줄기는 어떤 모양이니? 잎은 어떠니? 나무의 색은 어때?
   - 가만히 얼굴을 대어 보자.
   - 이제 바로 옆에 있는 나무로 이동해 보자.
   - 옆의 나무의 색, 모양을 살펴보자. 가만히 얼굴을 대어 보자.
2. 나무의 거리를 어림해 본다.
   - 두 나무를 이동했을 때 얼마나 시간이 걸렸니?
   - 두 나무의 거리는 얼마나 될까?
   - 어떻게 알아볼 수 있을까? (발자국, 손바닥 등 몸을 이용해서 어림해 본다.)
3. 나무의 거리를 임의의 단위로 측정해 본다.
   - 나무의 거리를 정확히 재려면 무엇이 필요할까?
   - 여기 있는 끈이나 줄로 거리를 잴 수 있을까?
   - 나뭇가지로 거리를 재려면 어떻게 할 수 있을까?
4. 두 활동을 비교해 본다.
   - 어림하여 거리를 측정했을 때와 도구를 이용해서 측정했을 때의 차이점은 무엇일까?

- 어떤 것이 더 정확할까?
- 또 다른 방법으로 측정할 수 있을까?
- 더욱 정확하게 거리를 측정하려면 어떤 도구가 필요할까?

5. 활동을 평가해 본다.
   - 오늘 활동은 어땠니? 무엇이 재미있었니? 어떤 점이 힘들었니?
   - 두 나무 사이의 거리를 측정하는 것은 왜 필요할까?

참고사항

〈나무의 거리〉
나무가 성장하기 위해서는 적당한 햇빛, 물, 양분이 필요한데 이 양은 주변 나무의 수호에 의해 달라질 수 있다. 나무들이 빽빽한 숲에서는 각자에게 필요한 에너지를 적당하게 섭취할 수 없으나 나무의 간격이 적당한 숲에서는 성장에 필요한 에너지를 옆 나무에 빼앗길 염려가 없기 때문에 잘 성장할 수 있다, 그래서 숲을 건강하게 가꾸기 위해서는 나무를 심을 때 일정한 간격을 유지하고 심어야 하며, 천연림에서는 어린나무들을 솎아 내는 일도 해야 한다.

5) 나뭇가지로 구조물 설치하기

활동목표 - 친구들과 함께 협동하여 나뭇가지 구조물을 만들어 본다.
- 연장과 도구를 사용해 본다.

활동장소 나뭇가지가 많은 곳

활동시기 가을

활동준비물 다양한 길이의 나뭇가지, 톱, 노끈, 못, 망치, 자연물

교수방법 표현하기

활동방법

1. 숲속에 그늘이 없을 때 햇빛을 피하기 위한 방법에 대해 이야기 나눈다.
   - 햇빛을 오래 받으면 어떻게 될까?
   - 무엇으로 햇빛을 막을 수 있을까?
   - 매일 더운 날씨가 계속되는 나라에서는 어떻게 하고 있을까?
2. 햇빛을 가릴 수 있는 구조물을 설계해 본다.
   - 어떤 모양으로 만드는 것이 좋을까? 어떤 재료가 필요할까?
   - 어떻게 만들 수 있는지 설계도를 그려 보자.
3. 필요한 재료를 협동하여 모아 본다.
   - 숲속에 떨어져 있는 나뭇가지를 모아 보자.
   - 연결할 수 있는 끈, 목공용 도구들은 선생님이 가져왔어.
   - 구조물을 만든 후 꾸미기에 필요한 재료들도 수집해 보자.
4. 나뭇가지로 구조물을 만들어 본다.
   - 먼저 기본 뼈대 역할을 하는 나뭇가지 3~4개를 한데 묶어서 세워 준다.
   - 유아들은 다른 나뭇가지로 빈 곳을 메우며 세운다.
   - 기본 뼈대 나뭇가지에 잘 고정될 수 있도록 못질을 하거나 끈으로 묶어 준다.
   - 완성된 구조물을 예쁘게 꾸며 준다.

5. 완성된 구조물에 들어가 역할놀이를 해 본다.
   - 완성된 구조물의 이름을 지어 준다.
   - 구조물 안으로 들어가 본 후 보완할 점과 느낀 점을 이야기해 본다.
   - 역할놀이를 하며 즐겁게 활용한다.

6. 활동에 대해 평가한다.
   - 오늘 활동은 어땠니? 무엇이 재미있었니? 어떤 점이 힘들었니?
   - 이 구조물은 어떻게 활용하면 좋을까?

6) 나무의 겨울나기

활동목표 - 낙엽이 떨어지는 이유에 대해 안다.
- 나무의 겨울나기에 대해 이해하고 나무를 사랑하는 마음을 갖는다.

활동장소 활엽수, 낙엽수가 많은 곳

활동시기 늦가을~겨울

활동준비물 여러 종류의 낙엽

교수방법 교감하기

활동방법

1. 낙엽을 하늘로 뿌리며 낙엽의 특징을 온몸으로 느껴 본다.
   - 낙엽을 하늘로 뿌려 보자. 낙엽을 받을 때 어떤 느낌이니?
2. 낙엽 흔들기 놀이를 해 본다.
   - 2인 1조가 되어 낙엽 10개를 친구 몸 곳곳에 붙여 둔다.
   - 몸에 붙은 낙엽을 손을 이용하지 않고 제한시간 안에 오로지 몸만 흔들어서 떨어뜨리도록 한다.
3. 나무가 나뭇잎을 떨어뜨리는 이유에 대해 이야기 나눈다.
   - 나무는 나뭇잎을 떨어뜨릴 때 어떤 생각을 할까?
   - 나무가 나뭇잎을 떨어뜨릴 때 어떻게 할까?
   - 나무는 왜 힘들게 나뭇잎을 떨어뜨릴까?
4. 추운 겨울을 보내는 나무를 위해 우리가 할 수 있는 일에 대해 이야기를 나눈다.
   - 추운 겨울을 준비하는 나무를 위해 우리가 무엇을 도와줄 수 있을까?
   - 나무에 옷을 입혀 줘요. 나무를 안아 줘요.
5. 겨울나기를 준비하는 나무에 대해 회상해 본다.
   - 겨울을 준비하기 위해 나무는 무슨 일을 할까?
   - 다른 식물들은 어떻게 겨울을 보내는지 더 알아보자.

참고사항

〈나무의 겨울나기〉

겨울이 되면 일조량이 적어지고 매서운 한파가 불기 때문에 나무들은 최대한 에너지를 비축하고 얼어 죽지 않으려고 여러 가지 노력을 한다. 늦가을에 나뭇잎에 수분과 영양의 공급을 차단하여 자연스럽게 낙엽을 떨어뜨리는 것도 겨울 준비 중 하나다. 또한, 나무는 내부의 수분 함량을 최소화하여 냉해를 방지하기 위해 노력한다. 이러한 노력 덕택에 겨울을 무사히 넘기면 봄부터 새로운 삶을 이어갈 수 있는 것이다.

7) 편백나무 방향제 만들기

활동목표 - 톱밥을 오감각으로 관찰해 본다.
- 방향제를 아름답게 꾸며 본다.

활동장소 공원의 정자나 앉을 수 있는 곳, 실내도 가능

활동시기 봄~겨울

활동준비물 편백나무 톱밥(소나무, 잣나무 톱밥도 가능), 부직포로 된 육수 팩, 삼끈, 물감물 넣은 분무기, 밧줄, 빨래집게, 사인펜

교수방법 표현하기

활동방법

1. 앞에 놓인 재료들에 대해 이야기 나눈다.
   (톱밥이 놓인 커다란 박스에 유아들과 함께 둘러앉는다.)
   - 이것을 만져 보자. 어떤 느낌이 나니? 냄새를 맡아볼까? 어떤 냄새가 나니?
   - 이것으로 무엇을 할 수 있을까?

2. 톱밥이 생기는 이유에 대해 이야기해 본다.
   - 톱밥은 어디에서 생기는 것일까? 왜 생기는 것일까? 무엇에 사용될까?

3. 방향제 만드는 법을 소개한다.
   ① 육수 팩에 사인펜으로 그림을 그리며 꾸민다.
   ② 줄에 매달아 놓고 색깔 분무기를 뿌려서 색을 입히고 바람에 말린다.
   ③ 건조된 육수 팩에 편백나무 톱밥을 넣는다.
   ④ 육수 팩의 위쪽을 삼끈으로 묶어서 정리한다.

4. 활동을 감상한다.
   - 친구들과 함께 다 만들어진 방향제를 감상한다.
   - 자연의 아름다움에 고마움을 느끼고, 자연을 아끼고 사랑하는 마음을 갖는다.

5. 활동을 평가한다.

- 오늘 활동은 어땠니? 재미있는 활동은 무엇이었니?
- 어려운 점은 무엇이었니?
- 톱밥으로 할 수 있는 다른 활동에는 무엇이 있을까?

참고사항

톱밥은 나무를 가공하는 목공소에서 쉽게 생기는 자원으로, 톱밥을 압축한 자재나 화목 보일러의 재료로 재탄생되거나 나머지는 땅에 버려진다. 톱밥은 나무의 속껍질에 해당하므로 피톤치드도 많이 함유하고 있다. 톱밥으로 방향제를 만들면 자원을 재활용할 수 있고, 나무의 건강한 향기도 느낄 수 있다.

2. 나뭇잎

나뭇잎의 생태적 지식

나뭇잎은 나무가 성장하기 위해 필요한 양분을 만들기 위한 기관이다. 특히, 광합성을 통해 빛을 이용하여 이산화탄소와 물을 흡수하고 유기물과 산소로 변환시켜 다른 동물들이 성장할 수 있도록 도와준다.

나뭇잎의 면적이 넓은 나무를 활엽수라고 하고 나뭇잎의 면적이 좁은 나무를 침엽수라고 한다. 나뭇잎은 빛과 수분의 변화로 그 기능을 다하면 낙엽으로 변해 땅에 떨어지게 된다. 침엽수와 활엽수 모두 낙엽으로 떨어지지만 주기가 다르기 때문에 활엽수는 사시사철 푸르게 보인다.

나뭇잎은 모양과 크기, 배열순서가 식물마다 다르게 나타나는 데 이는 나무가 빛을 효율적으로 이용하기 위해 조절한 결과 때문이다.

나뭇잎은 그 모양에 따라 원형, 타원형, 난형, 심장형, 신장형, 침형, 선형으로 분류하고 잎맥이 나는 모양에 따라 우상맥, 나란히맥, 망상맥, 장상맥으로 분류한다.

나뭇잎은 마주나기, 어긋나기, 돌려나기, 모여나기, 묶어나기 등으로 규칙성을 띠며 배열한다.

나뭇잎의 가장자리도 다양한 형태로 표현되는데, 목련잎은 가장자리가 밋밋한 모양이고, 벚나무잎은 가장자리에 작은 톱니가 있다. 상수리나무와 밤나무잎은 가장자리에 침이 달렸고, 너도밤나무잎은 가장자리가 물결 모양이다. 그 외 둥근톱니, 겹톱니, 천열, 중열, 심열 등 가장자리의 모양에 따라 분류한다.

유아들은 나뭇잎을 이용하여 다양하게 놀이한다. 넓은 잎을 가지고 망원경을 만들거나 소꿉놀이 그릇으로 사용하고 가면, 모자, 옷 등으로 만들어 자신의 몸을 치장하여 역할놀이를 한다.

나뭇잎을 보고 만지고 놀이하면서 나뭇잎의 역할에 대해 알게 되고 식물의 특징에 대해서도 이해하게 된다.

출처: 남효창(2010). 나무와 숲.

1) 나뭇잎 뒤집기

활동목표 - 창의적인 놀이 활동에 즐겁게 참여한다.
- 나뭇잎의 앞면과 뒷면의 차이를 인식한다.

활동장소 바닥이 평평한 곳

활동시기 봄~가을

활동준비물 앞뒷면의 색이 다른 나뭇잎 여러 장, 보자기 천

교수방법 놀이하기

활동방법

1. 앞뒷면의 색이 다른 나뭇잎을 보여 준다.
   - 이 나뭇잎은 어떤 나무의 잎일까?
   - 앞에는 무슨 색이니?
   - 뒤는 무슨 색이니?
2. 나뭇잎의 앞면과 뒷면 비교하여 관찰한다.
   - 나뭇잎의 앞면과 뒷면을 살펴보자. 만졌을 때 느낌은 어떠니?
   - 표면의 차이점은 무엇이고 비슷한 점은 무엇일까?
   - 나뭇잎의 앞면과 뒷면은 왜 색과 느낌이 다른 걸까?
3. 놀이의 방법을 알려 준다.
   - 두 팀으로 나눈다.
   - 한 팀은 나뭇잎의 앞면 팀, 다른 한 팀은 나뭇잎의 뒷면 팀이다.
   - 시작 신호와 함께 앞면 팀은 나뭇잎의 앞면으로, 다른 한 팀은 나뭇잎의 뒷면으로 서로 뒤집는 놀이이다.
   - 끝나는 신호에 모두 제자리로 돌아간 후 바닥에 놓인 나뭇잎의 수를 센다.
   - 유아들의 선호에 따라 가장 많이 뒤집은 팀이 이기거나 지도록 진행한다.
   - 어느 팀이 더 많이(더 적게) 뒤집었는지 세어 볼까?
   - 더 많이 뒤집은 팀(더 적게 뒤집은 팀)에게 박수를 쳐 주자.

4. 활동을 평가한다.

- 오늘 활동은 어땠니? 무엇이 재미있었니? 어떤 점이 힘들었니?
- 다른 방법으로 진행한다면 어떻게 할 수 있을까?

참고사항

〈나뭇잎의 앞면과 뒷면의 차이〉

- 앞면이 뒷면보다 색깔이 더 진하다.
- 잎맥은 뒷면이 더 뚜렷하게 드러난다.
- 잎에 따라 뒷면에 작은 털이 나 있는 것도 있다.

2) 나뭇잎 메모리게임

활동목표 - 똑같은 나뭇잎 두 장을 찾아본다.
- 종이 고깔 밑에 숨겨진 나뭇잎의 모양과 위치를 기억한다.

활동장소 바닥이 평평한 곳

활동시기 봄~가을

활동준비물 8종류의 잎사귀 2장씩, 종이 고깔 16개, 흰 천

교수방법 놀이하기, 탐구하기

활동방법

1. 나뭇잎에 대해 이야기를 나눈다.
   - 숲에서 나뭇잎을 본 적이 있니?
   - 어떤 모양이었니?
   - 색, 크기는 어떠했니?

2. 놀이방법을 설명한다.
   - 같은 종류의 나뭇잎을 두 장씩 수집해 온다.
   - 바닥에 놓고 위치를 기억한 후 고깔을 덮는다.
   - 고깔 2개를 열어 똑같은 나뭇잎이 나오면 잎을 가져가고, 다른 잎이 나오면 그대로 덮는다. 누가 많이 찾았는지 알아본다.

3. 탐구하기 활동을 진행한다.
   - 고깔 속 나뭇잎을 기억하기 위해 어떤 방법을 사용하면 좋을까?
   - 우리가 나뭇잎의 위치를 잘 기억하려면 어떻게 하면 좋을까?
   - 기억에 도움이 되는 나뭇잎의 배열이 있을까?
   (나뭇잎의 위치 기억 전략에 관한 의사소통을 한 후 유아의 의견을 수용하여 활동을 진행한다.)

4. 활동을 평가한다.

- 오늘 활동은 어땠니? 무엇이 재미있었니? 어떤 점이 힘들었니?
- 다른 방법으로 진행한다면 어떻게 할 수 있을까?

3) 나뭇잎 가위바위보

활 동 목 표 - 나뭇잎의 특징에 대해 이해한다.
- 창의적인 놀이에 즐겁게 참여한다.

활 동 장 소 넓은 장소

활 동 시 기 봄~겨울

활동준비물 다양한 크기와 모양의 나뭇잎

교 수 방 법 놀이하기

활 동 방 법

1. 교사가 서로 다른 모양과 크기의 나뭇잎 세 가지를 보여 준다.
   - 이 나뭇잎들을 살펴보자.
   - 모양은 어떠니?
   - 크기는 어떠니?
   - 이 나뭇잎으로 가위바위보를 한다면 어떤 잎을 가위로 해야 할까?
   - 바위는 어떤 잎으로 해야 할까?
   - 보는 어떤 잎으로 해야 할까?
2. 나뭇잎을 수집해 온다.
   - 모두 바닥에 떨어진 나뭇잎 중 3개를 골라서 가위, 바위, 보를 각각 정해 주자.
   - 가위바위보 나뭇잎을 다 모은 유아는 시작 장소에 다시 모인다.
3. 놀이를 한다.
   - 둘씩 마주 앉는다. 자신이 들고 있는 나뭇잎의 가위바위보를 결정하고 상대방에게 알려 준다.
   - 가위바위보 활동에서 이긴 사람은 상대방의 나뭇잎을 가져올 수 있고 다시 사용이 가능하다.
   - 나뭇잎을 모두 잃은 유아는 제자리에 앉고 가장 많은 나뭇잎을 가지고 있는 유아가 이기게 된다.

4. 활동을 평가한다.

- 오늘 활동은 어땠니? 무엇이 재미있었니? 어떤 점이 힘들었니?
- 다른 방법으로 진행한다면 어떻게 할 수 있을까?

참고사항

〈나뭇잎 가위바위보에 활용될 수 있는 나뭇잎〉
가위: 길고 뾰족한 나뭇잎(솔잎, 잣나무잎, 상수리나무잎, 밤나무잎, 붉나무잎 등)
바위: 둥글고 잎이 넓지 않은 나뭇잎(진달래잎, 생강나무잎, 벚나무잎, 은행나무잎 등)
보: 면적이 넓은 나뭇잎(칡넝쿨잎, 떡갈나무잎, 신갈나무잎, 단풍나무잎, 양버즘나무잎 등)

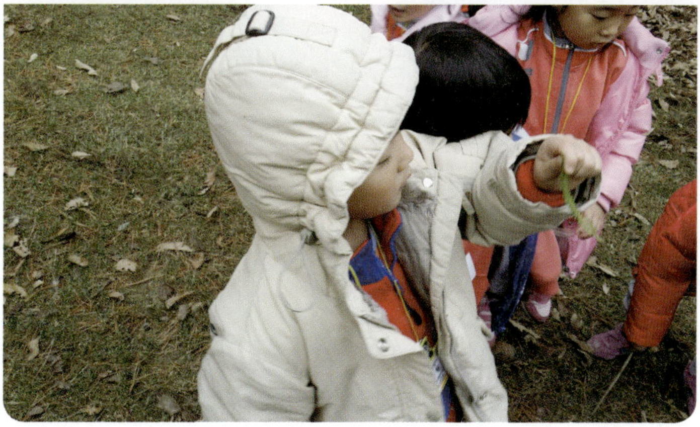

4) 나뭇잎 모양 찾기

활동목표 - 떨어진 나뭇잎을 관찰하고 다양한 모양의 나뭇잎을 주워 관찰해 본다.
- 모양 카드와 같은 모양의 나뭇잎을 비교해 본다.

활동장소 다양한 나뭇잎이 있는 곳

활동시기 봄~가을

활동준비물 여러 가지 모양 카드, 산책 가방, 식물 도감, 루페, 돋보기

교수방법 탐구하기

활동방법

1. 바닥에 떨어진 나뭇잎을 살펴보며 나뭇잎의 색깔과 모양을 관찰한다.
   - 나뭇잎이 떨어져 있네?
   - 어떤 나뭇잎이 있는지 주워서 관찰해 볼까?
   - 어떤 모양처럼 보이니? 어떤 색깔이니? 크기는 어떠하니?
2. 여러 가지 모양의 카드를 나누어 준다.
   - 어떤 모양이 보이니?
   - 이곳에서 이 모양 카드와 비슷한 나뭇잎이 있을까?
   - 우리 함께 찾아보자.
3. 흰 천이나 보자기 위에 나뭇잎과 모양 카드를 올려 본다.
   - 친구들에게 내가 찾은 나뭇잎에 대해 소개해 보자.
   - 왜 이 나뭇잎이 이 모양과 비슷한 것인지 생각을 이야기해 보자.
4. 모양 카드에 맞는 자연물을 수집해 보고 이야기를 나눈다.
   - 모양 카드 중에 못 찾은 것도 있었니?
   - 그럼 나뭇잎이 아닌 다른 자연물에서는 비슷한 모양이 있었니?
   - 다른 자연물에서 찾아보자. 그리고 왜 이렇게 생각했는지 발표해 보자.

참고사항

1. 어린 연령의 유아는 모양 카드와 똑같은 자연물을 찾는 것이 어려울 수 있으므로 기본 도형(○, △, □)을 제공하거나 자연물로 도형의 모양을 꾸며 볼 수 있도록 하는 것이 좋다.
2. 연령이 높은 유아에게는 다양한 모양의 도형 카드를 제공하여 도전감을 격려하는 것이 좋다.

5) 잎맥을 찾아라!

활동목표 - 잎맥의 생태적 특징을 이해한다.
- 잎맥을 오감각으로 느껴 본다.

활동장소 공원의 정자나 앉을 수 있는 곳

활동시기 여름

활동준비물 잎이 넓은 활엽수, 광목천, 가위, 칼, 루페, 식물 도감

교수방법 탐구하기

활동방법

1. 잎맥에 대해 이야기를 나눈다.
   - 나뭇잎을 관찰할 때 나뭇잎 중앙에 굵은 선이 있는 것을 본 적이 있니?
   - 그것의 이름은 무엇이라고 할까?
   - 잎맥에 대해 들어 본 적이 있니?
   - 모든 나뭇잎에는 잎맥이 있을까?

2. 나뭇잎을 수집한다.
   - 숲에서 잎맥이 있는 나뭇잎을 3개씩 수집해 보자.
   - 그리고 잎맥이 없는 나뭇잎도 수집해 보자.

3. 잎맥 채취하기

   ① 모둠을 나누어서 광목천을 바닥에 깔고 그 주변에 둘러앉는다.

   ② 나뭇잎 중에 잎맥을 남기고 나머지 잎을 다 떼어내 본다.

   ③ 잎맥을 만져 보고, 냄새를 맡아 보며 오감각으로 탐색한다.

   ④ 광목천에 전시하여 잎맥의 모양을 비교해 본다.

   ⑤ 잎맥을 가위나 칼로 잘라 보고 루페를 이용해 자세히 관찰해 본다.

4. 잎맥에 대해 궁금한 점을 이야기 나눈다.
   - 잎맥은 무슨 일을 하니? 잎맥이 없는 나뭇잎도 있니?
   - 만일 나뭇잎에 잎맥이 없으면 어떤 일이 일어날까?

5. 궁금한 점을 조사해 본다.
- 식물 도감이나 인터넷을 통해 궁금한 점을 조사하고 그 결과를 함께 이야기 나눈다.

6. 활동을 평가한다.
- 오늘 활동은 어땠니? 무엇이 재미있었니?
- 어떤 점이 어려웠니?

참고사항

1. 나뭇잎은 잎맥, 잎몸, 잎자루로 구성되어 있고, 잎맥은 잎 중앙에 있는 주맥(중심 맥)과 주맥 좌우로 갈라지는 측맥으로 구분한다. 잎맥은 잎에서 광합성에 의해 만들어진 포도당이나 전분을 다른 조직에 전달해 주고 뿌리에서 흡수한 물과 무기양분을 잎살세포로 전달해 주는 역할을 한다. 그러므로 대부분의 나뭇잎은 잎맥을 가지고 있다.
2. 여름철 나뭇잎은 풍부한 습도로 잎맥이 좀 더 선명하고 잎맥을 잘랐을 때 수분이 나오는 것을 관찰할 수 있다. 그러므로 여름에 잎맥을 자세히 관찰하는 것이 효과적이다. 가을이 되었을 때 유아들과 이 활동에 대해 상기시키고 나뭇잎과 낙엽의 잎맥을 비교해 보는 활동으로 확장시킬 수 있다.

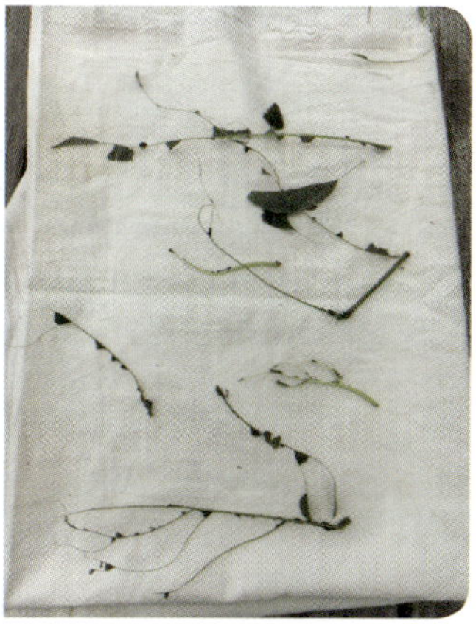

6) 단풍의 색

활동목표 - 가을 단풍의 색을 관찰한다.
- 자연의 색에 아름다움을 느낀다.

활동장소 다양한 색의 단풍잎이 있는 곳

활동시기 가을

활동준비물 다양한 색 카드, 색 지끈으로 만든 색상환, 다양한 색의 단풍잎

교수방법 표현하기, 교감하기

활동방법

1. 주변 나뭇잎의 색에 대해 이야기를 나눈다.
   - 가을이 되니 나뭇잎의 색이 변했구나. 어떤 색들이 보이니?
   - 왜 색이 변했을까?
2. 단풍잎을 수집한다.
   - 색깔 카드를 나누어 주거나 색 지끈 색상환을 바닥에 놓고 그 색에 맞는 단풍잎을 수집해 본다.
3. 단풍잎을 분류한다.
   - 수집한 단풍잎을 색깔별로 분류해 본다.
4. 함께 구성해 본다.
   - 단풍잎을 이용해서 다양한 모양을 꾸며 보거나 색깔 변화에 맞춰 구성해 본다.
5. 자연의 색을 감상한다.
   - 구성한 단풍잎을 감상하며 자연의 아름다움을 느껴 본다.
   - 자연의 아름다움에 고마움을 느끼고, 자연을 아끼고 사랑하는 마음을 갖는다.
6. 활동을 평가한다.
   - 오늘 활동은 어땠니? 재미있는 활동은 무엇이었니? 어려운 점은 무엇이었니?
   - 단풍으로 할 수 있는 다른 활동에는 무엇이 있을까?

참고사항

1. 나뭇잎은 계절이나 그 역할에 따라 세 가지로 불린다. 우선 광합성을 위해 나무가 생성해 내고 나뭇잎에 달려 있는 초록색 잎을 나뭇잎이라고 한다. 가을이 되거나 오래되어 더 이상 광합성을 하지 못해 초록색 엽록소가 빠진 것을 단풍이라고 부른다. 이 상태에서 수분이 마르고 영양공급이 되지 않아 바닥에 떨어지는 것을 낙엽이라고 한다.
2. 유아는 계절별로 변화하는 나뭇잎을 관찰하고 놀이하며 나뭇잎의 생태적인 특징을 자연스럽게 이해할 수 있게 된다.

7) 낙엽을 느껴요

활동목표 - 오감을 통해 낙엽을 느껴 본다.
- 낙엽이 숲에 하는 일에 대해 조사해 본다.

활동장소 낙엽이 많은 곳

활동시기 늦가을~초겨울

활동준비물 낙엽

교수방법 교감하기

활동방법

1. 낙엽이 많이 떨어진 장소에 아이들과 함께 둘러앉아 이야기를 나눈다.
   - 낙엽은 왜 떨어질까?
   - 낙엽은 떨어진 다음 어떻게 될까?
2. 낙엽을 느껴 본다.
   - 가만히 낙엽을 만져 보자. 어떤 느낌이니?
   - 낙엽의 냄새를 느껴 보자. 어떤 냄새가 나니?
3. 낙엽 속에 들어가 조용히 누워 하늘을 쳐다본다.
   - 낙엽 속에 숨어 있으면 어떻게 될까?
   - 낙엽을 이불처럼 덮으면 어떤 느낌일까?
4. 낙엽이 떨어진 숲의 바닥에 대해 이야기를 나눈다.
   - 낙엽은 바닥에 차곡차곡 쌓여서 땅을 따뜻하게 덮어 준대. 그러면 흙 속에서 겨울을 나는 식물이나 곤충이 따뜻하게 겨울을 보낼 수 있어. 그러다가 시간이 지나면 썩어서 땅에 좋은 양분을 제공한단다. 낙엽은 숲을 이롭게 하는 데 도움이 되는 자연물이야.
5. 낙엽에 고마움을 표현해 본다.
   - 숲을 도와주는 낙엽에 어떻게 고마움을 표현할까?(편지 쓰기, 낙엽을 한 곳에 모아 주기 등 유아의 의견을 바탕으로 활동을 진행한다.)

참고사항

〈나뭇잎 색은 왜 변할까?〉

낙엽에는 황엽(黃葉)과 홍엽(紅葉)이 수반되기도 하는데, 특히 가로수에 많다. 낙엽이 질 때 엽록소가 소실되고 남은 황색 색소인 카로티노이드가 눈에 띄게 많거나, 동시에 잎 속에 있는 플라본 배당체가 환원되어 안토시안이 형성되는 것이 황엽이나 홍엽의 원인이다. 낙엽은 식물 호르몬인 옥신에 의하여 조절된다. 예를 들면 옥신의 농도가 잎몸에서는 높고 잎자루의 기부에서 낮으면 낙엽은 일어나지 않는다. 노숙하여 낙엽기에 있는 잎에서는 이와 같은 관계는 볼 수 없다.

출처: 두산백과.

8) 낙엽 꽂기

활동목표 - 눈과 손의 협응력을 기른다.
- 낙엽을 활용한 놀이에 즐겁게 참여한다.

활동장소 나무에 줄을 매달 수 있는 넓은 장소

활동시기 가을~겨울

활동준비물 나무집게 여러 개, 밧줄, 낙엽 여러 개

교수방법 놀이하기

활동방법

1. 낙엽을 줍는다.
   - 바닥에 있는 낙엽 중에 내 손보다 더 큰 낙엽 2장씩 수집한다.

2. 놀이방법을 설명한다.

[활동 1 수준]

① 유아들에게 나무집게 2개씩 나누어 주고, 낙엽에 집게를 끼워 보도록 한다.
② 집게를 사용하는 방법을 알려 준다.
③ 줄이 매달려 있는 곳으로 가서 줄에 낙엽 2장을 매달아 본다.

[활동 2 수준]

① 유아들을 두 팀으로 나누는데, 한 팀은 바닥에 놓인 낙엽을 나뭇잎에 매달게 하고, 다른 팀은 매달린 나뭇잎을 떼어서 바닥에 놓게 한다.
② 교사의 신호에 맞춰 활동을 멈추고 그대로 자리에 앉는다.
③ 매달린 낙엽과 떨어진 낙엽의 수를 세어 본다.
④ 활동이 끝나면 낙엽을 모두 모아서 나무에 돌려준다.

3. 활동을 평가한다.
   - 오늘 활동은 어땠니? 무엇이 재미있었니?
   - 어려운 점은 무엇이니?
   - 낙엽을 활용한 다른 놀이에는 어떤 것이 있을까?

참고사항

1. 유아들이 집게를 조작해서 물건을 꽂는 것은 소근육 발달에 매우 도움이 되는 활동이다. 이 활동은 날씨가 안 좋거나 비가 많이 내려 숲으로 갈 수 없을 때 교실 안에서 진행할 수 있다.
2. 교사는 활동시간을 충분히 주어 유아들이 낙엽을 매달았다는 성취감을 느낄 수 있도록 하는 것이 좋다.

3. 꽃

꽃의 생태적 지식

꽃은 식물이 씨앗을 맺기 위한 도구에 불과하지만 동물들은 꽃의 아름다움에 금방 취하게 된다.

꽃은 꽃잎이 갈라진 '갈래꽃'과 꽃잎이 갈라지지 않은 '통꽃'으로 나뉘는데 꽃잎은 잎이 변하여 된 것으로 갈래꽃보다 통꽃이 더 진화한 것이다.

꽃의 아름다운 색은 주로 곤충을 유인하기 위한 것인데, 꽃을 색깔별로 구분해 보면 복수초, 개나리, 민들레, 노랑제비꽃, 양지꽃 등 노란색을 띠는 꽃이 가장 많다. 그다음으로 함박꽃나무, 조팝나무, 찔레꽃, 은방울꽃 등과 같이 하얀색을 띠는 꽃과 제비꽃, 투구꽃처럼 파란색을 띠는 꽃이 많다. 그러나 해당화, 물봉선처럼 빨간색을 띠는 꽃들은 드문데 그 이유는 벌이 빨간색을 보지 못하기 때문이다.

꽃은 봄, 여름, 가을에 걸쳐 관찰할 수 있다. 봄에는 눈이 미처 다 녹기 전에 낙엽이 쌓인 토양에서 겨우내 저장했던 풍부한 양분을 이용해 싹이 돋고 꽃을 피우게 되는데, 복수초, 봄맞이꽃, 얼레지, 남산제비꽃, 둥굴레, 피나물, 족두리풀, 개별꽃, 현호색, 할미꽃, 별꽃, 민들레, 제비꽃 등이 핀다. 여름에는 다양한 곤충과 벌새들이 꽃가루를 이용해 수정해 주기 때문에 봄꽃보다는 훨씬 화려하고 많은 종류의 꽃이 핀다. 대표적으로는 야산에서는 원추리, 나리, 잔대, 당귀, 모싯대, 비비추, 초롱꽃, 도라지, 투구꽃, 영아자, 달맞이꽃, 엉겅퀴, 백리향, 기린초, 금강초롱, 오이풀, 각시붓꽃을 볼 수 있고, 물가 근처에서는 고마리, 물봉선, 상사화, 여뀌 종류가 꽃을 피워 번식할 준비를 한다.

가을철에는 국화과 식물인 구절초, 감국, 개미취, 벌개미취, 산국, 쑥부쟁이, 코스모스와 함께 향유, 용담, 세잎펑의비름, 서양등골나물, 메밀, 땅귀개, 자주꽃방망이 등이 핀다. 이러한 가을꽃은 밤의 길이가 일정한 시간보다 길어지면 꽃이 피는 단일식물이다. 보통 낮의 길이가 10시간 정도로 짧아질 때 꽃이 피면 단일식물(밤의 길이가 일정 시간 이상 길어지면 개화하는 식물로, 벼나 옥수수, 콩 등이 이에 속한다), 12시간 이상 낮의 길이가 유지될 때 꽃이 피면 장일식물(밤의 길이가 일정 시간 이상 짧아지면 개화하는 식물)이라 부른다. 가을 늦게 꽃을 피우는 식물은 씨도 작게 자라고 대부분 열매가 없다.

유아들은 계절별로 꽃을 관찰하면서 꽃의 계절별 특징과 전략, 꽃의 역할에 대해 이해하게 된다. 또한, 꽃을 활용한 놀이들은 유아들이 숲활동에 적극적이고 즐겁게 참여하게 한다.

출처: 송기엽 · 윤주복(2006). 야생화 쉽게 찾기.

1) 진달래와 철쭉

활동목표 - 즐겁게 놀이에 참여한다.
- 진달래와 철쭉의 공통점과 차이점을 안다.

활동장소 넓은 들판

활동시기 봄

활동준비물 진달래와 철쭉 사진 자료 혹은 실물 자료

교수방법 놀이하기

활동방법

1. 진달래와 철쭉의 사진 자료(또는 실물 자료)를 보며 이야기를 나눈다.
   - 이 사진 속의 꽃을 본 적이 있니? 뭐라고 부를까?
   - 두 사진의 꽃은 같은 꽃일까? 다른 꽃일까?

2. 놀이를 설명한다.
   - 술래 한 명을 '벌'로 정한다. 나머지 친구들은 교사의 소리에 따라서 '진달래' 또는 '철쭉'으로 변한다.
   - 벌은 교사가 '진달래'라고 할 때만 잡으러 다닐 수 있고 '철쭉'일 때는 잡지 못한다.
   - 벌에게 잡힌 유아는 다시 벌이 되어 진달래꽃을 잡으러 다닌다.

3. 활동에 대해 이야기를 나눈다.
   - 활동이 어땠니? 어떤 점이 힘들었니? 어떤 점이 재미있었니?
   - 또 다른 방법으로 활동하려면 어떻게 할 수 있을까?

4. 진달래와 철쭉의 차이점에 대해 이야기를 나눈다.
   - 벌은 어떤 꽃만 잡을 수 있었지? 왜 그럴까?
   - 철쭉에는 점액질이 있어서 곤충들이 꿀을 먹으러 왔을 때 끈끈이에 붙어서 나가지 못한대. 그렇기 때문에 철쭉일 때는 벌이 못 잡고 진달래일 때만 벌이 잡을 수 있었어.

참고사항

1. 확장활동으로 '진달래꽃과 철쭉 관찰하기', '진달래 꽃잎 먹어 보기', '진달래 화전 만들기' 등의 활동을 진행할 수 있다.
2. 진달래는 꽃잎이 먼저 피어나고, 철쭉은 잎이 먼저 피어난다. 특히, 철쭉에는 독성 물질이 있으므로 먹지 못한다. 교사가 먼저 진달래와 철쭉을 잘 구분한 후 수업이 진행되어야 한다.

2) 향기 나는 봄꽃

활동목표 - 생강나무꽃의 특징에 대해 안다.
- 다양한 감각능력을 기른다.

활동장소 생강나무꽃과 같이 진한 향기를 가진 꽃의 서식지

활동시기 봄

활동준비물 유아 수만큼의 필름통, 보온병, 종이컵 여러 개

교수방법 교감하기

활동방법

1. 필름통을 나누어 준 다음 필름통 안의 냄새를 맡고 어떤 꽃인지 예상해 본다.
   - 어떤 냄새가 나니? 냄새를 맡으니 어떤 느낌이야?
   - 이전에 맡아 본 적이 있니?

2. 필름통 속의 꽃을 꺼내 관찰해 본다.
   - 꽃을 한번 관찰해 보자.
   - 색깔은 어떠니? 모양은 어때? 무엇이 보이니?

3. 향기 나는 꽃을 수집해 본다. 꽃을 수집할 때 주의사항에 대해서도 알려 준다.
   - 숲에서 향기 나는 꽃을 수집해 보자. 꽃을 수집할 때 어떻게 해야 할까?
   - 꽃을 수집할 때는 한 개의 나뭇가지에 꽃송이가 많은 것에서만 수집하자.
   - 나뭇가지가 꺾이지 않도록 꽃송이만 살짝 떼어 주자.

4. 생강나무 꽃잎차를 따뜻한 물이 있는 보온병이나 종이컵에 넣고 마셔 본다.
   - 우리가 수집한 생강나무의 꽃잎이 어떤 맛인지 따뜻한 물에 담가서 마셔 보자.
   - 생강나무꽃이 따뜻한 물에 들어가니 색깔이 어떻게 변하니? 맛은 어때?
   - 우리 조상들은 감기에 걸리거나 배가 아플 때 생강나무 꽃잎차를 마셨단다.

5. 활동을 평가한다.

- 활동이 어땠니? 어떤 점이 힘들었니? 어떤 점이 재미있었니?
- 또 다른 방법으로 활동하려면 어떻게 할 수 있을까?
- 다 사용한 생강나무꽃은 어떻게 하는 것이 좋을까?

참고사항

〈생강나무꽃은 동백꽃〉

생강나무는 산속이나 계곡, 냇가에서 자라는 갈잎떨기나무이다. 이른 봄(3월~4월 초)에 노란 꽃이 먼저 핀다. 꽃잎 색깔과 형태가 산수유꽃과 유사하다. 강원도에서는 생강나무의 열매로 기름을 짜서 사용했기 때문에 동백나무라고 불렀다. 김유정의 소설『동백꽃』의 꽃은 바로 생강나무꽃을 의미한다. 원래 동백꽃은 붉은색이지만 노란 동백꽃이라고 하면 대부분 생강나무꽃을 뜻한다.

3) 꽃의 구조 관찰하기

활동목표 - 꽃잎을 관찰하고, 특징에 대해 안다.
- 꽃의 구조에 대해 안다.

활동장소 꽃을 관찰할 수 있는 평평한 곳

활동시기 봄~가을

활동준비물 다양한 꽃, 관찰통, 꽃의 구조 그림 자료, 루페, 돋보기

교수방법 탐구하기

활동방법

1. 숲에서 다양한 꽃을 모아 본다.
   - 우리 숲에서 가장 많이 보이는 꽃은 어떤 색이니? 어떤 모양이니?
   - 가장 많이 보이는 꽃 중에 서로 다른 꽃 3개를 모아 보자.

2. 꽃을 관찰하고 분해하기
   - 수집한 꽃을 루페나 돋보기를 이용하여 관찰한다.
   - 냄새도 맡아 보고 꽃잎을 만졌을 때 느낌이 어떤지 이야기 나눈다.
   - 수집한 꽃은 꽃잎, 꽃받침, 꽃술로 분해하여 나누어 본다.
   - (꽃잎을 가리키며) 이것은 뭐라고 부를까? 만졌을 때에는 어떤 느낌이니? 냄새는 어떠하니?
   - (꽃받침을 가리키며) 이것은 뭐라고 부를까? 만졌을 때에는 어떤 느낌이니? 냄새는 어떠하니?
   - (꽃술을 가리키며) 이것은 뭐라고 부를까? 만졌을 때에는 어떤 느낌이니? 냄새는 어떠하니?

3. 꽃의 구조 및 구분 기준에 대해 설명한다.
   - 꽃의 구조 그림 자료를 보여 주며 각각의 명칭과 하는 일에 대해 설명해 준다.
   - 갖춘꽃과 안갖춘꽃, 통꽃과 갈래꽃에 대해 설명해 주고 유아가 수집한 꽃에서 찾아보도록 한다.

4. 활동을 평가한다.

- 활동이 어땠니? 어떤 점이 힘들었니? 어떤 점이 재미있었니?
- 또 다른 방법으로 활동하려면 어떻게 할 수 있을까?
- 다 쓴 야생화는 어떻게 하는 것이 좋을까?

참고사항

1. 이 활동은 꽃을 분해하여 촉감을 자극하고 진한 꽃향기로 후각을 자극하는 오감각 체험으로 매우 용이하다.
2. 미리 개인별로 도화지나 종이 그릇을 나누어 주고 그 위에 분해한 꽃을 올려놓을 수 있도록 한다. 그러면 자신이 분해한 것을 더 잘 관찰하고 분류할 수 있을 것이다.
3. 활동이 끝나면 분해한 꽃들을 다시 자연으로 돌려준다.

4) 꽃잎 · 풀잎 콜라주

활동목표 - 다양한 감각을 사용하여 꽃잎을 탐색한다.
- 꽃잎을 이용하여 창의적으로 표현한다.
- 다른 사람과 협력하여 꾸미기 활동을 해 본다.

활동장소 책상이나 넓은 돌판이 있는 곳

활동시기 봄~가을

활동준비물 꽃잎, 2절지, 밀가루풀, 물풀, 사인펜, 도화지

교수방법 표현하기

활동방법

1. 꽃잎과 풀잎을 수집한다.
   - 자연의 색을 이용하여 꾸미기 활동을 할 건데 어떤 재료들이 필요할까?
   - 이전에 사용했던 꽃잎도 사용이 가능할까?
2. 책상 위에 수집한 꽃잎과 풀잎을 놓은 후 공동작품과 개인작품을 순차적으로 할 수 있도록 지도한다.
3. '개인 콜라주' 활동을 해 본다.
   - 도화지에 물풀로 꽃잎과 풀잎을 붙인다.
   - 연상되는 그림을 그려 본다.
   - 내가 만든 작품의 이름을 정하고 다른 친구들에게 소개한다.
4. '협동 콜라주' 활동을 해 본다.
   - 그룹별로 2절 전지에 무엇을 만들 것인지 의논한다.
   - 종이 전체에 밀가루풀을 골고루 바른다.
   - 친구들과 의논하며 수집한 꽃잎과 풀잎을 붙인다.
   - 손을 씻고 주변을 정리한다.
   - 활동이 끝나면 작품의 이름을 붙이고 다른 친구들에게 소개한다.

참고사항

1. 이 활동을 계절별로 제공하면 유아는 계절에 따른 식물의 색, 질감, 향기, 느낌 등을 좀 더 자세히 경험할 수 있게 된다.
2. 나무 사이에 줄을 걸어서 작품들을 나무집게로 고정시키면 숲속을 전시회장처럼 구성할 수 있다.

5) 야생화 패턴놀이

활동목표 - 야생화를 관찰하며 색, 모양, 느낌, 구조를 알 수 있다.
- 패턴 활동을 통해 규칙성을 이해할 수 있다.

활동장소 꽃이 피어 있는 곳

활동시기 봄~가을

활동준비물 야생화, 보자기, 수집 바구니 혹은 관찰통(지퍼백도 가능), 루페

교수방법 탐구하기

활동방법

1. 야생화를 수집한다.
   - 우리 주변에 핀 꽃들을 살펴보자. 오늘 수업을 위해 필요한 꽃을 수집할 거야.
   - 꽃을 수집할 때는 한 줄기에 꽃송이가 많은 것에서만 수집하도록 하자.
   - 꽃이 뿌리까지 뽑히지 않도록 주의하고 혹시나 뽑히면 그 자리에 다시 심어 주자.

2. 야생화를 관찰한다.
   - 수집해 온 야생화를 보자기에 놓고 루페를 이용해 관찰한다.
   - 꽃의 모양은 어떠니? 꽃의 색은 어떠니? 꽃의 구조는 어떠니? 크기는 어떠니?

3. 야생화 패턴놀이를 한다.
   - 야생화를 모양, 크기, 색, 구조에 따라 패턴화하여 보자기 위에 놓아 본다.
   - 교사는 ABAB패턴, ABCABC패턴, ABBA패턴, ABCCBA패턴을 활용하여 야생화를 우선 놓고 유아들이 그 이후를 구성할 수 있도록 지도한다.
   - 선생님이 보라색 꽃, 노란색 꽃, 보라색 꽃, 노란색 꽃을 놓았는데, 그다음에는 어떤 꽃이 와야 할까?
   - 이번엔 큰 꽃, 작은 꽃, 작은 꽃, 큰 꽃을 놓았는데, 그다음에는 어떤 꽃이 와야 할까?
   - 3~4명의 유아끼리 모둠을 만들어 함께 패턴 활동을 하도록 지도한다.

4. 활동을 마무리한다.

- 활동에 대해 이야기를 나눈다.
- 활동이 어땠니? 어떤 점이 힘들었니? 어떤 점이 재미있었니?
- 다른 방법으로 활동하려면 어떻게 할 수 있을까?
- 다 쓴 야생화는 어떻게 하는 것이 좋을까?

참고사항

1. 활동이 끝난 야생화는 꽃다발 만들기, 꽃책갈피 만들기, 꽃누르미용으로 만들기 등 다양하게 재활용할 수 있다.
2. 야생화를 수집할 때는 다른 잎이나 뿌리가 손상되지 않고 꽃송이만 잘 꺾을 수 있도록 주의를 기울인다.

6) 야생화 머리띠 만들기

활 동 목 표 - 꽃잎과 풀잎을 활용해 머리띠를 꾸며 본다.
- 머리띠 무늬의 규칙성을 이해한다.
- 자연물의 아름다움을 경험한다.

활 동 장 소 책상이나 의자가 있는 곳

활 동 시 기 봄~가을

활동준비물 관찰을 위해 수집했던 야생화, 가로가 긴 머리띠 모양의 종이, 양면테이프, 풀

교 수 방 법 표현활동

활 동 방 법

1. 다양한 야생화를 수집해 본다.
   - 마음에 드는 꽃을 5개씩 수집해 보자. 수집할 때는 뿌리가 뽑히지 않도록 조심하고, 꽃송이가 많이 있는 곳에서 하나씩만 수집하자.
2. 머리띠에 꾸밀 모양을 구상한다.
   - 머리띠에 꽃송이를 어떤 순서대로 놓을지 생각해 보자.
   - 이 길이의 종이에는 몇 개의 꽃송이를 올려놓을 수 있을까?
3. 머리띠를 꾸민다.
   - 양면테이프나 풀을 이용해 꽃송이를 붙이고, 양옆을 고무줄로 연결한다.
4. 활동을 감상한다.
   - 친구들이 만든 머리띠를 보며 느낀 점을 이야기하고, 어떤 규칙성이 있는지 찾아본다.
5. 활동을 평가한다.
   - 오늘 활동은 어땠니? 재미있었던 점은 무엇이니? 힘들었던 점이 있었니?
   - 머리띠를 쓰고 무엇을 해 볼 수 있을까?

참고사항

1. 이 활동은 단순히 머리띠를 꾸미는 것이 아니라 패턴을 응용한 활동이다. 그러므로 사전에 머리띠를 구성할 때 어떤 패턴으로 구성할 것인지 유아들과 이야기를 나누어야 한다.
2. 야생화 패턴 놀이 다음에 진행하면 더 효과적이다.

4. 열매와 씨앗

열매와 씨앗의 생태적 지식

식물은 자손을 퍼트리기 위해 수정을 통해서 열매를 만든다. 열매란 씨방, 즉 자방이 홀로 자라는 것과 자방 주변의 조직이 함께 자라는 것을 말하며 씨방이 독자적으로 자란 것을 진과라 하고 함께 자란 것은 가과라고 한다.

식물은 자신의 씨를 멀리 퍼뜨리기 위해서 효과적인 방법을 다양하게 발달시켜 왔다. 씨들이 들어 있는 열매가 여물면 안쪽의 압력이 갑자기 커지므로 열매가 터지면서 그 터지는 힘에 의해 씨들이 여기저기 튀어 나가는데 열매가 터지는 방법은 여러 가지이다. 콩과에 속하는 식물은 콩꼬투리가 햇빛을 받아 마르면 갑자기 터지고, 봉숭아와 같은 식물은 바람이 불어오거나 동물이 스치고 지나가면 열매가 터져 씨가 튀어 나간다.

물에 의해 퍼지는 경우도 있는데 연꽃, 문주란, 땅버들, 호두의 씨앗처럼 물에 뜨는 씨나 열매를 만들어서 물에 둥둥 떠다니다가 땅에 닿으면 그곳에서 싹을 틔우는 식물들도 있다.

동물들도 씨를 멀리 퍼뜨리는 데 중요한 구실을 하는데, 갈퀴덩굴, 짚신나물, 도꼬마리, 도깨비바늘처럼 열매에 날카로운 갈고리나 잔털이 돋아 있어서 사람의 옷이나 짐승의 털에 달라붙어서 운반되는 것도 있고, 어떤 식물들은 맛이 좋은 열매 안에 씨를 만들어 동물이나 새가 그 열매를 먹지만, 씨는 아무런 해도 입지 않고 동물의 몸을 지나 배설되어, 그곳에서 다시 어린 식물로 자라는 경우도 있다. 겨우살이 열매는 끈적끈적한 점액을 내서 새가 열매를 먹을 때 부리에 달라붙는데 이때 새가 성가신 열매를 떼어 내려고 나뭇가지에 부리를 비벼댈 때 겨우살이의 씨앗은 나무줄기 따위에 붙었다가 이듬해 봄에 싹을 틔운다.

또 바람에 날아가는 씨앗들도 있는데 민들레, 엉겅퀴, 사위덩쿨, 박주가리처럼 아주 가벼운 깃털이 달려 있어 바람이 불면 씨와 함께 하늘 높이 올라가 멀리까지 퍼지는 씨앗과 단풍류나 개서어나무, 소나무, 물푸레나무와 같이 날개가 달려 있어서 바람을 타고 멀리까지 날아가는 씨앗도 있다.

유아들은 계절별로 숲에서 나는 열매를 맛보며 감각적 경험을 하게 되고 씨앗을 이용한 놀이를 통해 씨앗들이 퍼져나가는 원리에 대해서도 이해하게 된다. 또한, 다양한 종류의 씨앗과 열매를 수집하며 경이로운 자연을 이해하고 사랑하게 된다.

출처: 남효창(2010). 나무와 숲.

1) 솔방울 던지기 놀이

활동목표 - 솔방울 던지기를 통해 대 · 소근육과 조절 능력을 기른다.
- 균형감각을 가지고 정확한 지점에 넣어 본다.

활동장소 바닥이 고른 지형

활동시기 봄~가을

활동준비물 솔방울 여러 개, 지름 50cm 정도의 원을 만들 수 있는 양의 나뭇가지, 혹은 100cm의 끈으로 만든 원

교수방법 놀이하기

활동방법

1. 숲에서 유아 한 명당 솔방울 4개, 나뭇가지 5개씩 모아 온다.
   - 활동을 위해서 우리가 필요한 자연물은 솔방울 4개와 나뭇가지 5개야.
   - 수집할 때 주의할 점은 나무에 달린 것이 아니라 바닥에 떨어진 것을 가져와야 해. 우리가 놀이에 필요한 만큼만 수집하자.

2. 수집한 솔방울을 관찰한다.
   - 솔방울을 관찰해 보자. 무엇이 보이니?
   - 어떤 모양이니? 색깔은 어떠니? 크기는 어떠니?

3. 놀이를 진행한다.
   - 두 팀으로 나누고 각 팀에서 모아 온 나뭇가지로 원을 만든다. 이때 출발점에서 원이 있는 거리가 두 팀이 동일하도록 이야기를 나눈다.
   - 한 유아당 4개의 솔방울을 원으로 던진다. 이때 '바로 서서 던지기', '한 발로 서서 던지기', '한쪽 눈을 감고 던지기', '뒤돌아 던지기' 등으로 난이도를 달리하며 던지기를 할 수 있다.
   - 어느 팀이 가장 많은 솔방울을 모았는지 수를 세어 본다.

4. 활동을 평가한다.
   - 활동은 어땠니? 무엇이 가장 재미있었니? 어떤 점이 가장 힘들었니?
   - 어떤 부분을 바꾸면 좋을까?

5. 솔방울은 어떤 역할을 하는지 이야기 나눈다.
   - 솔방울은 어떤 역할을 하는 것일까?
   - 소나무 씨앗은 어떻게 땅에 심어질까?
   - 만졌을 때 느낌이 어때? 어떤 냄새가 나니?

참고사항

〈여러 가지 솔방울 놀이〉

1. 솔방울 모으기: 두 그룹의 원 안에 있는 솔방울을 제한시간 내에 자신의 원 안으로 옮겨 놓는다. 한 번에 한 개씩 옮길 수 있고, 자신의 원에 가장 많은 수의 솔방울이 모이면 이기게 된다.
2. 솔방울 습도계 활동: 솔방울은 햇빛이 자주 비추고 건조한 날에는 활짝 벌어지고, 비가 많이 오고 눅눅한 날에는 오므라진다. 그 이유는 솔방울이 소나무의 씨앗을 품고 있어서 건조하고 맑은 날 소나무의 씨앗을 멀리멀리 날아가게 하려는 것이다. 그러므로 솔방울은 교실이나 야외의 습도를 체크하는 데 사용할 수 있다.
3. 솔방울 씨앗 날리기: 솔방울 씨앗은 바람에 잘 날아가기 위해 날개를 달고 있다. 유아들이 솔방울에서 씨앗을 수집하여 높은 곳에서 낮은 곳으로 떨어뜨리면 프로펠러가 돌듯이 씨앗이 빙글빙글 돌아가는 원심력을 경험할 수 있다.

2) 밤송이 속의 알밤들

활동목표 - 밤송이의 역할에 대해 안다.
- 밤송이처럼 씨앗을 보호하는 것들에 대해 알아본다.
- 친구들과 협력하여 즐겁게 활동한다.

활동장소 경사가 완만하고 바닥이 고른 지형

활동시기 봄~가을

활동준비물 밤송이, 모자 3개

교수방법 놀이하기

활동방법

1. 밤송이의 생김새를 관찰한다.
   - 밤송이의 모습은 어떠니? 몇 갈래로 갈라졌을까?
   - 밤송이 안에 몇 개의 알밤이 들어 있을까?

2. 밤송이, 알밤, 청설모, 다람쥐 역할을 맡을 유아의 수를 정한다.
   - 하나의 밤송이를 몇 명이 표현하면 좋을까? 왜 4명이라고 생각했니?
   - 청설모와 다람쥐는 몇 명이 하면 좋을까? 왜 그렇게 생각했니?
   (처음에는 교사가 유아에게 적절한 인원수를 알려 주고 나중에 유아들이 원하는 수만큼 역할을 만들어 보도록 한다. 밤송이는 4명, 밤은 3명, 청설모, 다람쥐는 각각 2명으로 하는 것이 좋다.)

3. 놀이방법을 설명한다.
   - 밤송이 역할을 맡은 유아들은 서로 손을 잡고 원 대형으로 선다.
   - 알밤을 맡은 유아들은 모자를 쓰고 3명 정도 원 대형 안으로 들어간다.
   - 교사가 신호를 주면 다람쥐와 청설모는 알밤 유아들의 모자를 뺏기 위해 재빨리 움직인다.
   - 밤송이 역할을 맡은 유아들은 알밤을 보호하고 모자를 뺏기지 않도록 원을 유지하며 방어한다.

- 모자를 다 뺏긴 그룹은 자리에 앉은 후 다음 술래가 된다.
- 역할을 바꿔 활동한다.

4. **활동을 평가한다.**
   - 활동은 어땠니? 무엇이 가장 재미있었니? 어떤 점이 가장 힘들었니?
   - 어떤 부분을 바꾸면 좋을까?

5. **밤송이의 역할에 대해 이야기 나눈다.**
   - 밤송이가 알밤을 감싸고 있는 이유는 무엇일까?
   - 알밤이 자라면 어떤 점이 좋을까?

참고사항

1. 밤송이를 관찰하는 경우 유아의 손에 찔리지 않도록 주의한다.
2. 드넓고 안전한 장소에서 활동한다.
3. 알밤 유아들은 머리에 쓴 모자를 손으로 잡지 않도록 한다.
4. 모든 유아가 역할을 골고루 분담하여 참여하도록 격려한다.

3) 도토리 구성놀이

활 동 목 표 - 도토리를 연결하여 창의적인 모양을 구성해 본다.
- 여러 가지 감각기관을 활용하고 소근육의 움직임을 조절해 본다.

활 동 장 소 바닥이 평평한 장소

활 동 시 기 가을

활동준비물 산책 가방, 도토리, 이쑤시개

교 수 방 법 표현하기

활 동 방 법

1. 가을 숲의 대표 열매에 대해 이야기 나눈다.
   - 가을 숲에서 가장 많이 보는 열매는 무엇일까?
   - 도토리는 어떤 동물이 좋아할까?
   - 도토리는 어떤 나무에 달릴까?
   - 도토리는 씨앗을 어떻게 이동시킬까?
2. 도토리를 수집해 본다.
   - 숲으로 가서 도토리를 수집해 보자.
   - 좋은 도토리는 동물에게 양보하고 구멍이 뚫렸거나 썩어 가는 것을 모아 보자.
3. 도토리로 다양한 구조물을 만들어 본다.
   - 도토리와 도토리 사이는 이쑤시개로 연결한다.
   - 다 만든 구조물은 유아가 전시하고 싶은 곳에 놓는다.
4. 전시된 작품들을 감상해 본다.
   - 자신이 만든 작품의 이름을 붙여 보고 왜 그런지 이유를 설명한다.
   - 친구들의 발표를 잘 들어 준다.

참고사항

1. 도토리가 열리는 참나무는 상수리나무, 굴참나무, 갈참나무, 떡갈나무, 졸참나무, 신갈나무이다. 각각의 나무들을 구별하는 기준은 다음과 같다.
   - 잎 가장자리에 침이 있는가? 아니면 잔잔한 물결모양인가?
   - 잎 뒷면에는 털이 있는가?
   - 잎에는 잎자루가 있는가?
   - 잎 뒷면의 색깔은 회색빛이 도는 초록인가? 아니면 연초록인가?
   - 수피에는 두꺼운 코르크 껍질이 발달해 있는가?
   - 도토리는 그해에 익어 떨어지는가? 아니면 다음 해인 2년째 익어 떨어지는가?
2. 신갈나무와 떡갈나무는 각각 잎자루는 없지만 떡갈나무는 뒷면에 털이 있다.
3. 갈참나무와 졸참나무는 둘 다 잎자루가 있고, 가장자리가 물결 모양이지만 길참나무는 뒷면에 털이 없다.
4. 상수리나무와 굴참나무는 피침형이고 가장자리에 가시 같은 침이 있지만 굴참나무의 수피는 코르크처럼 푹신하고, 잎 뒷면은 회백색이다.

4) 열매 빙고

활동목표 - 숲속에 있는 열매와 씨앗을 예측해 본다.
- 같은 열매와 씨앗을 찾아본다.
- 식물의 열매와 씨앗에 대해 관찰해 본다.

활동장소 숲

활동시기 가을

활동준비물 열매 빙고판, 산책 가방, 루페

교수방법 탐구하기

활동방법

1. 유아 4명이 한 팀이 되도록 모둠을 나누고 열매 특징이 적힌 열매 빙고판을 나누어 준다. 활동방법을 이야기한다.
   - 여기 그림판에 그려진 열매를 찾아보자.
   - 모두 찾으면 모둠별로 다 같이 "빙~고!"라고 외쳐 보자.
   - 찾은 열매를 어떻게 보관할 수 있을까?

2. 열매를 찾으면 빙고판에 표시한다.
   - 빙고판에 있는 그림과 이 열매가 같은 것일까?
   - 여기저기 꼼꼼히 살펴보며 찾아보자.

3. 빙고판을 완성한 팀은 다 함께 빙고를 외친다.

4. 팀끼리 모여서 찾은 열매를 관찰해 본다.
   - 우리가 찾은 열매와 씨앗을 루페로 관찰해 보자.
   - 모양은 어떠하니? 색은 어떠하니? 크기는 어떠하니?
   - 냄새는 어떠니? 만졌을 때 느낌은 어떠하니?
   - 우리가 찾은 열매와 씨앗들을 비교해 보자.
   - 가장 큰 것은 무엇이니? 가장 작은 것은 무엇이니? 순서대로 놓아 보자.

5. 가을 열매와 씨앗에 대해 이야기 나눈다.
- 이 씨앗은 자라서 무엇이 될까?
- 이 씨앗과 열매는 어떤 식물의 것이었니?
- 이 열매는 누가 가장 좋아할까?
- 활동이 끝난 씨앗과 열매는 어떻게 하면 좋을까?

참고사항

〈열매 빙고판 만들기〉

활동 1 수준: 밤, 솔방울, 잣방울, 도토리, 단풍잎 씨앗, 검은색 열매, 씨앗의 꼬투리 등 쉽게 찾을 수 있는 열매나 씨앗

활동 2 수준: 냄새나는 껍질에 싸인 열매, 팥 알갱이 크기의 빨간 열매, 갈색 씨앗, 까만색 씨앗, 두 개 이상의 색을 지닌 열매 등 좀 더 세심히 관찰하여 수집할 수 있는 것

5) 열매야 열매야

활동목표 - 숲속의 다양한 열매를 관찰해 본다.
- 열매의 특징과 열매를 먹는 동물의 관계를 안다.
- 열매를 찾아서 열매 도감을 만들어 본다.

활동장소 다양한 열매를 수집할 수 있는 곳, 평평한 지형

활동시기 봄~가을

활동준비물 다양한 열매, 루페, 수집 가방, 열매 도감 활동지, 테이프, 펜

교수방법 탐구하기

활동방법

1. 열매에 대해 예측해 본다.
   - 숲에 가면 어떤 열매를 볼 수 있을까?
   - 열매는 어떤 모양일까? 어떤 색일까? 얼마나 있을까?
2. 열매에 대해 궁금한 것을 조사한다.
   - 열매는 언제 생길까?
   - 열매 중에 먹을 수 있는 것은 무엇일까?
   - 열매와 씨앗의 차이는 무엇일까?
   - 열매를 좋아하는 동물은 누구일까?
3. 숲으로 가서 열매를 찾아본다.
   - 소나무 열매는 어디에 있을까?
   - 참나무 열매는 어디에 있을까?
   - 단풍나무 열매는 어디에 있을까?
4. 열매를 수집해서 한곳에 놓는다.
   - 같은 느낌의 것들끼리 모아 보자.
   - 동물이 먹는 열매를 모아 보자.

5. 열매 도감을 만든다.

6. 궁금한 것들을 어떻게 해결할지 이야기 나눈다.

참고사항

1. 식물이 수정한 뒤 씨방이 자라서 된 것을 열매라고 하며, 우리가 먹을 수 있는 것도 있고 그렇지 않은 것도 있다.
2. 다양하게 수집한 열매로 만들기나 꾸미기를 할 수 있고, 친구들과 함께 열매 관찰 통을 만들 수도 있다.

6) 같은 열매를 찾아라!

활동목표 - 열매를 오감각으로 탐색해 본다.
- 냄새와 느낌으로 같은 종류의 열매를 찾아본다.

활동장소 열매가 많이 있으며 앉을 수 있는 장소

활동시기 여름~가을

활동준비물 흰 천, 안대, 향기가 있는 한 쌍의 열매들(도토리, 솔방울, 목련 열매, 모과 열매, 붉은 자두 열매 등)

교수방법 교감하기

활동방법

1. 열매에 대해 이야기 나눈다.
   - 열매를 본 적이 있니? 우리 숲에서 볼 수 있는 열매에는 어떤 것이 있을까?
   - 열매는 어떤 모양이니? 냄새는 있을까? 만졌을 때 느낌은 어떨까?

2. 활동방법을 설명한다.
   ① 4~5명의 유아가 한 모둠이 되도록 나눈다.
   ② 바닥에 광목천을 깔고 둘러앉는다.
   ③ 앉아 있는 유아 모두 안대를 쓰게 하고 천 위에 다양한 열매를 올려놓는다.
   ④ 유아들은 시각이 아닌 다른 감각으로 열매를 탐색하고 같은 열매끼리 한쪽에 모아 놓는다.
   ⑤ 안대를 모두 벗고 바닥에 놓인 열매를 자유롭게 관찰한다.

3. 열매의 특징에 대해 이야기 나눈다.
   - 눈을 가리고 만졌을 때 어떤 느낌이었니?
   - 열매 냄새를 맡았을 때 어떤 냄새가 났니?
   - 눈을 떠서 관찰했을 때와 다른 점이 있었니?
   - 열매는 무엇이고, 씨앗은 무엇일까?

4. 열매 속 씨앗을 땅속에 심는다.

- 열매와 씨앗을 땅속에 심으면 어떤 일이 벌어질까?
- 다음에 와서 이 씨앗이 어떻게 되었는지 관찰해 보자.

5. 활동을 평가한다.

- 오늘 활동은 어땠니? 재미있었던 점은 무엇이니? 어려웠던 점은 없었니?
- 다음에는 열매와 씨앗으로 어떤 활동을 해 볼까?

참고사항

1. 이 활동은 소그룹으로 진행하는 것이 효과적이며, 안전을 확보한 후 유아들의 감각적 탐색을 유도한다. 이 활동을 할 때는 대다수의 유아들에게 자유놀이 시간을 제공하고 그중에 4명씩 불러 소그룹 수업을 진행하는 것이 좋다. 물론 자유놀이를 하는 유아들 옆에는 반드시 또 다른 교사가 있어야 한다.
2. 교사는 수분이 많고, 신선하며, 향기가 많이 나는 열매를 미리 수집하여 제공한다.

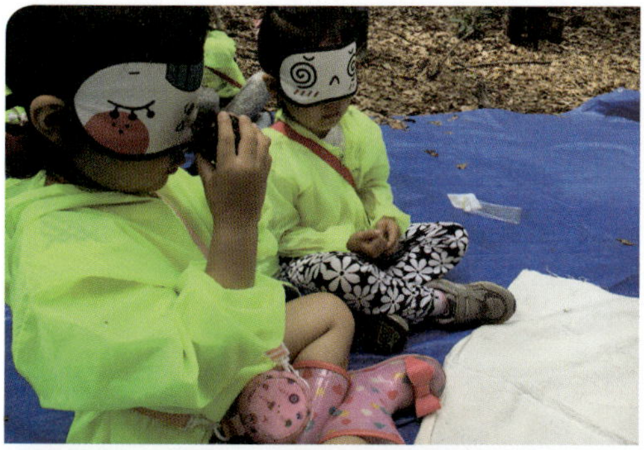

5. 겨울눈과 로제트

겨울눈과 로제트의 생태적 지식

나무는 겨울을 보내기 위해 잎을 다 떨어뜨리고 겨울눈을 만든다. 눈의 사전적 의미는 '새로 막 터져 돋아나려는 식물의 싹'을 말한다.

겨울눈은 잎이나 줄기가 되는 잎눈, 꽃이 피는 꽃눈, 꽃이나 잎이 될 부분이 함께 있는 섞임눈으로 나뉜다.

겨울눈은 나무마다 크기, 모양, 색이 다르고, 껍질도 다양하다. 백목련과 쪽동백은 솜털껍질이고, 물푸레나무는 가죽껍질이다. 벚나무와 참나무류는 비닐잎껍질이고, 껍질에 끈적이는 진액이 있는 나무는 칠엽수와 버드나무류이다.

초본류 중 여러해살이풀들은 겨울을 보내기 위해 잎을 땅바닥에 바짝 붙어서 겨울을 보내는데, 이러한 모습이 장미 모양을 닮았다고 해서 로제트 식물이라고 한다. 로제트 식물들은 지면에 바짝 붙어서 바람을 피할 수 있고, 땅에서 올라오는 지열을 통해 얼지 않는다.

우리 숲에서 흔히 관찰할 수 있는 로제트 식물에는 냉이, 민들레, 지칭개, 꽃다지, 망초, 개망초, 광대나물, 애기똥풀, 질경이, 달맞이 등이 있다. 예로부터 봄이 되면 이러한 로제트 식물을 봄나물로 캐서 요리했다.

출처: 서영민 외(2021) 행복한 숲놀이.

꽃마리

개망초

냉이

민들레

벚나무의 겨울눈

목련 겨울눈

산수유 겨울눈

산수유 꽃눈

1) 로제트 딱지치기

활동목표 - 로제트 식물에 관심을 가진다.
- 친구들과 놀이에 즐겁게 참여해 본다.

활동장소 흙바닥

활동시기 겨울, 봄

활동준비물 로제트 딱지, 애벌레 카드, 광목천

교수방법 놀이하기

활동방법

1. 로제트 딱지를 소개한다.
   - 이것은 딱지인데, 뒷면에는 식물의 사진이 있어.
   - 식물의 모양을 살펴보자. 어떤 모양 같니?

2. 놀이방법을 소개한다. 유아들의 연령에 따라 1 수준(어린 연령), 2 수준(많은 연령)의 놀이를 진행한다.

[활동 1 수준]

① 바닥에 광목천을 깔고, 그 위에 로제트 딱지를 올려놓는다.
② 천을 밟지 않고 애벌레 카드를 로제트 딱지 위로 던진다.
③ 애벌레 카드가 놓인 로제트 딱지를 가져온다.
④ 로제트 딱지가 몇 개인지 세어 본다.

[활동 2 수준]

① 딱지를 하나씩 나눠 갖는다.
② 가위바위보로 순서를 정한 후 진 사람은 딱지를 광목천 위에 놓는다.
③ 이긴 사람이 딱지로 바닥에 놓인 딱지를 쳐서 뒤집히면 상대방 딱지를 가져간다.
④ 뒤집지 못하면 자신의 딱지를 바닥에 놓아서 다른 사람이 딱지를 친다.
⑤ 딱지가 없는 사람은 자리에 앉고 딱지가 있는 사람은 딱지치기를 계속한다.

3. 활동에 대해 평가한다.

- 오늘 활동은 어땠니? 무엇이 재미있었니? 어떤 점이 힘들었니?
- 다른 방법으로 해 본다면 어떻게 할 수 있을까?

참고사항

추가놀이로 같은 로제트 식물을 찾아보는 로제트 메모리게임을 할 수 있다. 방법은 로제트 딱지를 바닥에 모두 올려놓은 후 다섯을 셀 동안 살펴보게 한 후 뒤집어 놓고 같은 로제트를 찾아보는 것이다. 이를 통해 유아들은 다양한 로제트 식물에 관심을 가질 수 있다.

2) 로제트 미용사 놀이

활동목표 - 로제트 식물을 찾아보고 생김새를 관찰해 본다.
- 로제트 식물을 활용해서 창의적으로 표현해 본다.

활동장소 로제트 식물이 있는 곳

활동시기 겨울, 봄

활동준비물 얼굴 모양 카드, 나뭇가지나 돌멩이 등의 자연물

교수방법 탐구하기, 표현하기

활동방법

1. 얼굴 카드를 보여 주며 이야기를 들려준다.

"안녕! 얘들아, 나는 숲에 살고 있는 요정이야.
나는 멋진 초록색 머리카락을 갖는 게 소원이야.
그런데 어떻게 하면 좋을지 잘 모르겠어.
너희가 나 좀 도와줄래?"

2. 무엇으로 머리카락을 표현할지 이야기 나눈다.
   - 요정의 부탁은 무엇이었니? 초록색 머리카락을 만들어 주려면 무엇이 필요할까?
   - 숲에 있는 것 중에 무엇으로 표현해 볼까?
3. 바닥에 있는 로제트 식물을 관찰해 본다.
   - 바닥에서 초록색이 있는 것을 찾아보자. 어떤 모양이니?
   - 냄새도 맡아보고, 만져 보자. 어떤 냄새가 나니? 느낌은 어떠니?
4. 얼굴 카드를 나눠 주고 초록색 머리카락을 만들어 보자고 한다.
   - 바닥에 있는 초록색 식물로 머리카락을 만들려면 어떻게 해야 할까?
5. 얼굴 카드에 꾸민 것을 친구들에게 소개한다.

참고사항

1. 이 활동을 할 때 반드시 로제트 식물을 관찰할 수 있는 시간을 줘야 한다. 유아의 관찰을 지원하기 위해 교사는 로제트 식물의 모양, 색, 느낌, 잎의 나는 방향 등이 어떤지 다양한 질문을 해야 한다.
2. 활동에 사용한 얼굴 종이 카드는 니스몰 사이트(https://nepoeco.com)에서 구입할 수 있다.

3) 로제트 울타리 만들기

활동목표 - 로제트 식물에 대해 이해한다.
- 로제트 식물에 관심을 가지고, 소중히 여기는 마음을 갖는다.

활동장소 로제트 식물이 있는 곳

활동시기 겨울, 초봄

활동준비물 나뭇가지, 대나무 링, 로제트 식물 사진

교수방법 탐구하기

활동방법

1. 로제트 식물에 대해 이야기를 나눈다.
   - 로제트 식물은 어떤 모습을 하고 있었니?
   - 로제트 식물은 왜 잎을 바닥에 내리고 있는 걸까?

2. 로제트 식물의 특징에 대해 설명한다.
   - 로제트 식물이란, 풀들이 겨울을 보내기 위해 바닥에 잎을 내리고 있는 것을 말해.
   - 그러면 왜 바닥에 잎을 내리는 것일까?
   - 만일 잎을 하늘 위로 올린다면 어떤 일이 벌어질까?

3. 로제트 식물에 우리가 해 줄 수 있는 것에 대해 이야기 나눈다.
   - 로제트 식물이 잘 자랄 수 있도록 우리가 무엇을 해 주면 좋을까?

4. 나뭇가지나 돌멩이, 대나무 링으로 전용 울타리를 만들어 준다.
   - 로제트 식물이 바닥에 있어서 우리가 모르고 밟고 지나갈 수 있을 것 같아.
   - 여기 준비된 재료로 로제트 식물의 울타리를 만들어 보자.

5. 내가 만든 울타리를 친구들 앞에서 발표해 본다.

참고사항

로제트 식물이 있는 곳을 지속적으로 방문해서 로제트 식물의 꽃, 잎, 열매도 관찰하며 식물의 변화를 느낄 수 있도록 해 준다. 만일 사진으로 찍는다면 로제트 식물 성장 카드로 제작할 수 있다.

4) 겨울눈 관찰하기

활동목표 - 겨울눈의 특징에 대해 이해한다.
- 도구를 활용해서 겨울눈을 관찰해 본다.
- 겨울나무를 소중히 여기는 마음을 갖는다.

활동장소 나무가 많은 곳 주변

활동시기 겨울

활동준비물 겨울눈이 달린 나뭇가지, 루페

교수방법 탐구하기, 교감하기

활동방법

1. 겨울나무에 대해 이야기를 나눈다.
   - 우리 주변의 나무는 어떤 모습이니?
   - 여름나무와 어떤 차이가 있을까?
   - 왜 이런 모습을 하는 걸까?
2. 루페로 겨울나무를 관찰해 본다.
   - 겨울나무를 자세히 관찰해 보자. 무엇이 보이니?
   - 가지 끝에 달려 있는 것들을 만져 보자. 어떤 느낌이니?
   - 이 속에는 무엇이 있을까?
3. 나무의 겨울나기에 대해 이야기 나눈다.
   - 날씨가 점점 추워지면 나무는 어떻게 될까?
   - 추운 겨울을 보낼 나무들을 위해 우리가 해 줄 수 있는 것은 무엇일까?
   - 겨울눈 속에 있는 것들은 날씨가 따뜻해지면 어떻게 될까?
4. 겨울을 보낼 나무들을 격려해 준다.
   - 겨울을 보낼 나무들에 응원의 이야기를 해 주자.
   - 너희가 마음에 드는 나무에 가서 응원의 이야기를 해 줄 수도 있고, 따뜻하게 안아 줄 수도 있어.

참고사항

나무 주변을 관찰하다 보면 나무껍질 사이에서 몸을 숨기고 겨울을 보내는 곤충이나 거미의 알집 등을 볼 수 있다. 이런 것들을 유아들이 발견하고 관찰하면서 동식물이 겨울을 보내는 방법을 자연스럽게 배울 수 있게 된다.

5) 겨울눈 액자 만들기

활동목표 - 봄이 되었을 때 변화될 겨울눈의 모습을 창의적으로 표현해 본다.
- 식물의 겨울나기에 관심을 가지고 소중히 여기는 마음을 갖는다.

활동장소 겨울나무가 있는 곳

활동시기 겨울

활동준비물 수집한 나뭇가지 여러 개, 종이 액자, 테이프, 목공풀, 다양한 색의 클레이, 채색도구(사인펜, 색연필, 유성매직)

교수방법 표현하기

활동방법

1. 겨울눈이 있는 나뭇가지를 수집한다.
   - 바닥에 떨어진 나뭇가지를 수집해 보자. 길이는 자신의 손목까지 오는 것으로 하고, 나뭇가지에 삐쭉한 겨울눈이 매달린 것으로 찾아보자.
2. 수집한 나뭇가지를 보며 이야기를 나눈다.
   - 이 나뭇가지에 달린 겨울눈은 앞으로 따뜻해진다면 어떻게 될까?
   - 어떤 모양의 잎이 나올까? 어떤 색깔의 꽃이 필까?
3. 활동방법을 소개한다.
   - 액자의 아래 홈에 나뭇가지를 끼우거나 투명 테이프로 붙인다.
   - 나뭇가지에 클레이를 활용해서 나뭇잎이나 꽃잎을 만들어서 붙인다.
   - 액자의 뒷면에 종이를 덧대고, 그 앞면을 채색도구로 꾸며 본다.
4. 내가 만든 겨울눈 액자를 친구들 앞에서 발표해 본다.

참고사항

1. 겨울을 보내기 위해 나무들은 몸속의 수분을 모두 빼내고 마른 상태로 만드는데, 일부 가지들은 수분이 없어 바닥에 떨어질 수 있다. 이렇게 떨어진 나뭇가지에는 겨울눈이 매달린 경우가 많아서 수집한 후 겨울눈 액자 만들기에 활용하는 것이 좋다.
2. 활동에 사용한 겨울눈 액자는 니스몰 사이트(https://nepoeco.com)에서 구입할 수 있다.

참고문헌

고후순 · 강동일 · 조옥희(1996). 유아교육사상사. 서울: 양서원.

곽노의(2001). 프뢰벨-생애와 교육. 서울: 양서원.

______(2006). 자연주의 교육사상에 기초한 유아교육. 서울교육대학교 한국초등교육, 17(1), 249~268.

곽노의 · 홍순정(2008). 유아교육사상. 서울: 문음사

곽노의 · 이경순 · 윤승훈(2010). 숲유치원아이들. 서울: 교육자치 연구소.

교육인적자원부(2011). 5세 누리과정 해설서.

권영례(2008). 교과교육론. 경기: 양서원

권혜림(2012) 자연친화활동이 유아의 언어표현력과 감정이입에 미치는 영향. 계명대학교 석사학위논문.

김기대 · 최소영 · 유인순 · 서경옥(2021). 생태교육론. 서울: 한국문화사.

김기원 외(2005). 숲 해설 아카데미. 서울: 현암사.

김선월(2012). 자연의 미적요소에 기초한 유아미술교육 프로그램의 개발 및 적용 효과. 중앙대학교 대학원 박사학위논문.

김진주(2012). 자연친화 교육활동이 유아의 자연탐구지능과 자기효능감에 미치는 영향. 배재대학교 석사학위논문.

남효창(2004). 나는 매일 숲으로 출근한다. 서울: 청림출판.

______(2006). 얘들아 숲에서 놀자: 숲 체험 교육의 모든 것. 서울: 수수밭.

______(2010). 나무와 숲. 서울: 계명사.

노성향(2005). 자연친화적 프로그램이 아동의 정서지능에 미치는 효과. 아동학회, 26(1), 347~357.

민성길(2001). 어린이와 발달. 한국 어린이 육영회 창립 20주년 학술대회 자료집.

박선영(2013). 자연친화를 통한 유아 통합예술교육프로그램 개발 및 효과. 중앙대학교 대학원 박사학위논문.

박이문(1997). 문명의 미래와 생태학적 세계관. 서울: 당대.

방인옥 · 박찬옥 · 이기현 · 김은희(2009). 유아교육과정. 경기: 정민사.

산림청(2008). 숲 속 유치원 프로그램 개발 및 효율적 운영방안 연구. 정책연구용역 결과보고서.

______(2016). 아동 숲교육현장 위기 · 응급상황 대응 매뉴얼.

______(2022). 2021년도 산불통계 연보 자료집.

______(2022). 2022년도 K-산불방지 종합대책 자료집.

서영민(2008). 숲체험을 통한 수학적 탐구활동이 유아의 수학적 문제해결력과 수학적 태도에 미치는 영향. 중앙대학교 대학원 석사학위논문.

______(2014). 자연물 주제중심 통합 유아숲체험교육 프로그램의 개발 및 적용효과. 중앙대학교 대학원 박사학위논문.

서영민 · 이영혜 · 유진희 · 윤영란(2022). 행복한 숲놀이. 서울: AALZZA

신원섭(2005). 치유의 숲. 서울: 지성사.

______(2007). 숲으로 떠나는 건강 여행. 서울: 지성사.

신지연(2012). 표현생활중심의 숲유치원교육 프로그램 개발 및 효과, 유아교육학논집, 16(1), 163~188.

심재권(2000). 장자의 무위자연 사상. 한림대학교 대학원 석사학위논문.

양옥승(2001). 자연을 통한 유아교육: 어린이와 자연. 한국어린이육영회 창립 20주년 기념 유아교육 학술대회 자료집.

오인탁 외(1998). 위대한 교육사상가들 II. 서울: 교육과학사.

유근종(2013). 숲유치원의 자연체험활동이 유아의 친사회적 행동 및 정서표현에 미치는 영향. 서울교육대학교 교육대학원 석사학위논문.

이기숙(2011). 유아교육과정. 서울: 교문사.

이기숙 외(2013). 영유아교육과정. 경기: 공동체.

이명호(2004). 자연을 활용한 생태조형놀이. 서울: 창지사.

이명환(2007). 자연친화적 유아교육의 모델 독일의 숲 유치원. 서울: 교육아카데미.

______(2010). 녹색교육 숲유치원. 서울: 교육아카데미.

______(2011). 유아교육기관에서의 숲체험교육에 대한 교사의 인식. 생태유아교육연구, 10(1), 175~200.

이소은 · 권기남(2010). 아동미술. 서울:한국방송통신대학교 출판부.

이인식(2005). 지역사회와 함께 하는 환경교육. 선비문화. 7(0), 남명학 연구소, 70~75.

장희정(2010). 숲유치원: 설립에서 프로그램까지. 서울: 호미.

전범권(2012). 산림교육활성화 방안. 2012 숲유치원 국제세미나 학술집, 5~25.

조형숙(2005). 유아를 위한 자연친화교육 프로그램개발 및 평가. 유아교육연구, 25(5), 343~366.

조형숙 · 류혜숙 · 장정애(2009). 생태사진에 관한 이야기 나누기 활동. 서울: 다음세대.

조형숙 외(2007). 자연과 친해지고 교감하며 탐구하기. 서울: 다음세대.

주영흠(2003). 자연주의 교육사상. 서울: 학지사.

지옥정(2002). 유아교육현장에서의 프로젝트 접근법. 서울: 창지사.

______(2007). 프로젝트 접근법을 활용한 유아기 자연친화교육. 서울: 양서원.

지옥정 · 이상현 · 연숙자(2006). 유아를 위한 자연친화교육 프로그램. 서울: 양서원.

차명애(2010). 플로러닝에 따른 자연친화교육활동이 유아의 자연탐구지능, 과학적 탐구력 및 과학적 태도에 미치는 영향. 원광대학교 대학원 박사학위논문.

하시연(2009). 숲유치원에서 숲해설가의 활용. 숲유치원국제세미나 2009 학술자료집. 66~74.
홍은주(2006). 유아교육에서의 자연과 자연친화교육. 유아교육연구, 3(1), 85~120.
환경부(2016). 교토의정서 이후 신 기후체제 파리협정 길라잡이.

Brown, T., & Brown, J.(2006). 산과 들에서 배우는 감각교육 길잡이 여우처럼 걸어라[*Tom Brown`s Field guide to nature and survival for children*]. (김병순 역). 서울: 보리.(원저출판 1989년).
Carson, R.(2002). 자연의 경이로움[*The sense of wonder*]. (표정훈 역). 서울:에코리브르.(원저출판 1965년).
Carson, R.(2009). 침묵의 봄[*Silent spring*]. (김은령 역). 서울:에코리브르.(원저출판 1962년).
Capra, F.(1998). 생명의 그물[*The web of life*]. (김용정, 김동광 공역). 서울: 범양사. (원저 1996년 출판).
Comenius, J. A.(1998). 세계도회[*Orbis Pictus*]. (김은권, 이경영 역), 서울:교육과학사.(원저출판1657년).
Cornell, J. B.(2002). 아이들과 함께 나누는 자연체험 1, 2[*Sharing nature with children*] .(장상욱 역). 서울: 우리교육. (원저출판 1998년).
Dewey, J(2003). 경험으로서의 예술[*Art as Experience*]이재언 역. 서울: 책세상.(원저출판 1934년).
Fröber, F. W. A. C.(2005). 인간의 교육[*The Education of Man*].(이원영, 방인옥 역). 경기: 양서원.(원저출판 1973년).
Goleman, D(2010). 에코지능[*Eco intelligence*].(이수경 역). 서울:웅진지식하우스.(원저출판 2009년).
Helg, E.(2009). 배움터로서의 숲: 상 갈렌 숲유치원의 경험과 방법. 2009 숲유치원 국제세미나 학술집, 109~129.
Huppertz, M.(2011). 숲유치원 교사의 업무수준 향상을 위한 방안. 2011 숲유치원 국제세미나 학술집, 95~133.
Kennedy, L. M., & Steven, T(2005). 실외놀이[*Guiding children's learning of mathematics*].(신화식 외 역). 서울: 시그마프레스.(원저출판 2000c년).
Knight, S.(2011). *Forest School for all.* Los Angeles, CA: Sage.
Knight, S.(2013). *Forest school and outdoor learning in the early year(2nd ed.).* Los Angeles, CA: Sage.
Lowenfeld, V., Brittain, W. L.(1987). Creative and Mental Growth. 서울교육대학교 미술교육연구회 역(1995). 인간을 위한 미술교육. 서울: 미진사.
Louv, R.(2005). *Last child in the woods: Saving our children from nature-deficit disorder.* Chapel Hill, NC: Algonquin Books.
Lowenfeld, V., Brittain, W. L.(1995).인간을 위한 미술교육[*Creative and Mental Growth*]. 서울교육대학교 미술교육연구회 역. 서울: 미진사.(원저출판 1987년).

Meyers, H.(2006). 독일의 미술교육[*Die Welt der Kindlichen Bildnerei*]. 김정 역. 서울: 교육과학사.(원저출판 1973년).

MIYAZKI Yoshifumi(2007). 오감으로 밝히는 숲의 과학[*SHINRINYOKU WA NAZE KARADA NI KA*] (박범진 역). 서울: 넥서스북스.(원저출판 2003년).

Miklitz, I.(2004). Der Waldkinergarten, Dimensionen eines pädagogischen Ansatzes, Beltz Verlag, Weinheim und Basel.

Orr, D, W(1992). *Ecological Literacy: Education and the Transition to a Postmodern World*. S.U.N.Y. Press, NY.

Orr, D, W(2014). 작은 지구를 위한 마음[*Earth in mind*]. (이한음 역). 서울: 현실문화.(원저출판 2004년).

Robertson, J.(2008). "Rain or Shine": Swedish forest schools. Creative Star.

Rousseau, J. J.(2008). 에밀 또는 교육 1[*E'mile ou de l'e'ducation*]. (이용철, 문경자 역). 서울: 한길사.(원저출판 1762년).

Rousseau, J. J.(2012). 에밀[*E'mile ou de l'e'ducation*]. (민희식 역). 서울: 육문사.(원저출판 1762년).

Thompson, J. E., & Thompson, R. A.(2007). Natural connection: Children, nature, and social-emotional development. *Exchange*, *178*, 46~49.

Tschon, M.(2012). 아동기의 자연체험–삶을 위한 영감: 숲유치원에서의 발도로프 교육학. 2012 숲유치원 국제세미나 학술집, 63~106.

Wilson, E. O.(1996). 자연주의자[*Naturalist*]. (이병훈, 김희백 역). 서울: 민음사.(원저출판 1994년).

Wilson, R. A.(1995). Nature and young children: A natural connection. *Young children*, *50*(6). 4~11.

Wilson, R. A.(2010). 자연 · 평화 · 유아 · 환경. 한국영유아교원교육학회 2010년 International Workshop 발표집, 1~119.

나무위키. 2019~2020호주산불.(2022.12.13.).
https://namu.wiki/w/2019-2020%20%ED%98%B8%EC%A3%BC%20%EC%82%B0%EB%B6%88) (2022년 12월 20일 인출)

동아사이언스. 호주산불, 기후변화가 원인이였다.(2021.04.05.)
https://www.dongascience.com/news.php?idx=45408 (2022년 12월 20일 인출)

산림청. 산림교육시설 조성현황
https://www.forest.go.kr/kfsweb/cop/bbs/selectBoardList.do?bbsId=BBSMSTR_1438&mn=NKFS_03_13_02_01_02 (2023년 1월 15일 인출)

산림청. 산림임업용어사전. 생태소양.
https://www.forest.go.kr/kfsweb/kfi/kfs/mwd/selectMtstWordDictionary.do?&pageIndex=1&searchWord=&searchType=&wrdType=&searchWrd=&mn=NKFS_04_07_01&wrdSn=4566 (2022년

12월 25일 인출)
외교부. 기후변화 협상.
https://www.mofa.go.kr/www/wpge/m_20150/contents.do (2022년 12월 30일 인출)
위키피아. 생태적 소양.
https://en.wikipedia.org/wiki/Ecological_literacy (2022년 12월 30일 인출)
한국 유네스코. 지속가능발전교육.
https://esd.unesco.or.kr/ (2022년 12월 30일 인출)
KBS NEWS. (2021.03.25.).대형산불에 안전한 달이 없어지고 있습니다.
https://news.kbs.co.kr/news/view.do?ncd=5147164&ref=A (2022년 10월 25일 인출)

찾아보기

저자소개

서영민(꽃향유)

아름다운 섬 제주에서 태어나 바다와 산을 품고 뛰어놀며 행복한 유년기를 보냈다.
중앙대학교 일반대학원에서 유아교육학을 전공하여 문학석사와 문학박사를 취득하였다.
2010년 SK임업(주)에 입사하여 4년 동안 수페아이숲학교를 운영하며 유아, 아동, 청소년, 부모, 교사들에게 다양한 숲체험교육을 제공하였다.
현재 백석예술대학교 유아교육과 교수 겸 나눔숲교육연구소장으로 재직 중이며, 대학이 최초로 설립한 백석유아숲체험원을 운영하고 있다.
산림청 산림교육위원회 전문위원, 유아숲지도사 양성과정 강사로 활동하고 있으며, 유아교육연구, 유아 · 청소년 · 유아교사 숲체험교육프로그램을 개발하여 실행하고 있다.
저서로는『누리과정과 연계한 사회교육』(공저, 2015),『행복한 숲놀이』(공저, 2021)가 있다.
작은 텃밭을 가꾸며, 자연친화적인 삶을 살기 위해 노력 중이다.

제3판
유아숲체험교육의 이론과 실제

초 판 1쇄 발행 2015년 2월 28일
개 정 1쇄 발행 2018년 2월 10일
제3판 1쇄 발행 2024년 2월 23일

지 은 이 | 서영민
펴 낸 이 | 김기섭
편 집 인 | 이윤미 · 이혜란
펴 낸 곳 | 창지사 www.changjisa.com
08589 서울시 금천구 가산디지털 1로 83 파트너스타워 1차 9층
전화 (02)719-2211~3
팩스 (02)701-9386
등 록 | 1977년 4월 28일 · 제1-421호

ISBN 978-89-426-1825-5 (93370)

값 21,000원